리쾨르가 들려주는

해석 이야기

리쾨르가 들려주는

해석 이야기

ⓒ 강영계, 2007

초판 1쇄 발행일 | 2007년 6월 30일
초판 10쇄 발행일 | 2023년 2월 1일

지은이   강영계
그림   김정진
펴낸이   정은영
펴낸곳   (주)자음과모음

출판등록   2001년 11월 28일 제2001-000259호
주소   10881 경기도 파주시 회동길 325-20
전화   편집부 (02)324-2347 경영지원부 (02)325-6047
팩스   편집부 (02)324-2348 경영지원부 (02)2648-1311
e-mail   jamoteen@jamobook.com

ISBN 978-89-544-1974-1(64100)

리퀘르가 들려주는

해석 이야기

강영계 지음

|주|자음과모음

사람이면 누구나 매일 물음을 던지면서 삽니다.

"엄마, 저거 뭐야?"

우리들이 가장 많이 던지는 물음은 '무엇?' 입니다. '인간은 생각하는 동물이다' 라고 하기도 하고, '인간은 본래부터 알려고 하는 동물이다' 라고 말하기도 합니다.

'무엇?' 다음으로 우리들이 자주 던지는 물음은 '어떻게?' 라는 질문입니다.

"저것은 새로 나온 다용도 휴대전화기야. 어떻게 쓰는 거야?"

인간은 누구나 하찮은 것에도 관심을 가지기 마련입니다. 길거리의 풀한 포기와 작은 돌멩이일지라도 그것이 무엇인지를 알고 나면 그 다음에 우리는 그것이 어떻게 존재하는지 그리고 그것을 어떻게 사용할 수 있는지에 관해서 골똘히 생각합니다.

'무엇?' 과 '어떻게?' 의 두 가지 질문은 일상생활에서 제기되는 물음들이지요. 그런데 이 두 가지 물음들을 넘어서는 근원적인 물음이 있습니다. 그것은 바로 '왜?'의 물음입니다.

만일 여러분 중 한 사람이 어느 날 저녁 밥상에서 다음과 같이 물었다고 합시다.

"엄마! 엄마는 자신을 전혀 돌보지 않고 우리 식구들을 위해서 모든 것을 희생하는 것 같아. 엄마는 왜 사는 거야?"

이럴 경우 엄마는 '그게 뭐가 잘못 되었니? 밥이나 먹어라!'라고 말하면서 답을 피할 겁니다.

'무엇? 어떻게? 왜?'의 물음을 과감히 던지고 답할 줄 알 때 우리들은 우리 자신의 삶의 의미를 조금씩 이해할 수 있고 나아가 삶의 본질을 옳게 해석할 수 있을 것입니다.

우리는 흔히 번역과 해석을 똑같은 것으로 생각하기 쉽습니다. 많은 사람들이 번역과 해석을 혼동하기 때문에 아래와 같이 말하는 것을 들을 수 있습니다.

"그 영어 문장은 아주 간단한 거야. 번역을 제대로 해야 해!"

"영어 단어 하나도 제대로 해석하지 못하니?"

물론 번역은 해석에 속합니다. 올바른 번역은 해석이 될 수 있습니다. 단어나 문장의 의미와 내용을 제대로 이해한 번역은 올바른 해석입니다.

그러나 해석은 번역보다 훨씬 넓은 뜻으로 사용됩니다. 우리는 책이나 텍스트(원전)를 해석할 뿐만 아니라 자연과 사회도 해석하며 나아가서는 삶의 의미도 해석합니다.

　프랑스의 철학자 폴 리쾨르는 현대의 해석학을 대변하는 대표적인 철학자입니다. 리쾨르는 실존주의, 현상학, 상징주의, 구조주의, 신화, 정신분석학, 텍스트 이론, 은유와 서술 등의 과정을 이해하고 표현하고 체험함으로써 이것들을 종합적인 관점에서 해석합니다.

　결국 리쾨르는 삶과 사회를 해석함으로써 우리들에게 삶과 사회의 자발적이며 창조적인 의미를 던져주려고 합니다.

　여러분은 어머니가 뜨개질을 하려고 감아둔 실타래가 엉켰을 때 실타래의 실을 제대로 풀려고 애쓴 경험이 있을 겁니다. 실타래가 복잡하게 엉켰을 때는 풀기가 정말 어렵습니다. 현대사회에서 인간의 문화와 문명은 복잡하게 엉킨 실타래와 같습니다. 이런 실타래를 풀려고 하는 리쾨르의 해석학 역시 정교하고 복잡할 수밖에 없습니다.

　그러나 정성을 다하여 한 올 한 올 찾아가다 보면 우리는 결국 자발적이며 창조적인 삶의 실타래를 찾을 수 있을 겁니다.

2007년 6월
강영계

CONTENTS

프롤로그

　할머니는 30분째 머리를 빗고 계십니다. 반쯤 풀린 짧은 파마머리는 눈발이 날린 듯 희끗희끗합니다. 할머니는 거울 속 모습이 만족스러우신지 자꾸 미소를 지으십니다. 내가 볼 때는 그리 예쁜 모습이 아닌데도 말이지요. 쭈글쭈글 주름이 잡힌 얼굴은 검버섯이 돋아 얼룩져 보이기까지 합니다.

　그러나 할머니는 아주 정성스럽게 머리를 빗으십니다. 빗질이 끝났는지 이번엔 내가 쓰던 머리핀과 끈을 머리 이쪽저쪽에 꽂고 묶으십니다. 짧은 머리카락이 잘 잡히지 않아 묶는 데 애를 먹으면서도 포기하지 않고 계속 머리를 묶으십니다. 저는 그런 할머니를 보며 연신 한숨을 내쉽니다.

　할머니가 하고 계신 머리핀과 끈은 너무 유치해서 지금은 저조차도 사용하지 않는 것이지요. 열세 살이나 먹은 제가 분홍 꽃과 노란 나비 모양의 핀을 할 리가 있겠어요? 큐빅이 달리거나 벨벳 소재의 끈이면 모를까? 이젠 유치해서 서랍 깊숙이 처박아 놓은 것인데, 할머니께선 어떻게 알고 꺼내셨는지 그것들과 시름하고 계십니다.

짧은 머리에 많은 핀과 끈을 매달려고 하니 얼마나 힘이 드시겠어요? 얼굴이 벌겋게 상기된 채 할머니는 그렇게 1시간이 넘도록 머리 모양을 가지고 시름하십니다.

뭐라고요? 그런 할머니가 귀엽다고요? 휴! 정말, 천만에, 만만에, 모르시는 말씀!

우리 할머니는 작년 가을, 치매에 걸리셨어요. 저는 처음에 할머니가 치매인 줄은 까맣게 몰랐습니다. 할머니는 초등학교 선생님이셨고 정년 퇴직을 하신 이후에도 줄곧 책을 손에서 놓으시는 일 없는 단아한 분이셨거든요. 할머니는 교육 공무원이셨기 때문에 할아버지가 일찍 돌아가신 뒤에도 별 어려움 없이 자식 공부도 시키고 당신 앞으로 집도 한 채 가지고 계신 분이셨어요. 퇴직 후에는 연금으로 생활하시기 때문에 저에게 용돈도 넉넉히 주셨고요.

그런데 어느 날 할머니께서 '이제 곧 봄이 오려나 보다. 저기 나무 좀 봐라. 새잎이 나오려고 꼬물거리고 있지 않니? 곧 연초록 잎들이 돋아나겠지?' 하시지 않겠어요? 그때는 가을이었는데 말이에요. 나는 처음에 할머니께서 농담을 하시는 줄 알았어요.

"에이, 할머니! 농담도 잘하시네요. 저게 어떻게 새잎이에요? 낙엽이지요. 모두 누렇게 변하고 있잖아요."

나는 할머니의 농담에 맞장구를 칠 만큼 어린아이는 아니었지요. 그런데 갑자기 할머니께서 화를 버럭 내시는 거예요.

"너 지금 할머니를 놀리니? 어째서 저게 낙엽이야? 새잎이잖니? 잘봐! 나무에서 꼬물꼬물 기어 나오는 새잎을!"

나는 정말 어이가 없었어요.

"아니라니까요!"

나도 모르게 소리를 지르고 말았지요. 할머니는 금세 눈물을 글썽거리시며 '봄이 오고 있잖아……' 하시는 거예요.

그렇게 할머니는 갑작스럽게 치매에 걸리셨어요. 엄마는 할머니가 봄을, 그러니까 젊은 시절을 그리워하시기 때문에 병에 걸리셨는지도 모르겠다고 말씀하셨어요. 저는 갑작스럽게 변한 할머니가 무서웠어요. 슬그머니 짜증도 났고요. 제게 용돈을 주시기는커녕, 함부로 제 물건을 가져가시거나 밥투정을 하시고 말도 안 되는 말만 하시며 우겨 댔으니까요.

사실 할머니의 치매가 아니더라도 저는 요즘 고민이 많답니다. 인기가수의 사진을 모으는 내 취미를 이해하지 못하고 공부 타령만 하시는 엄마, 그리고 어린애처럼 함부로 장난만 치는 남자애들, 친한 친구들의 갑작스런 변화. 이런 것들로도 머리가 복잡하다고요. 그러니까 다시말하자면, 나는 지금 사춘기인데 사춘기의 마음을 몰라 주는 환경이 너무나 싫다고요.

제 친구 지연이는 벌써 초경이 시작됐대요. 초경이 무엇인 줄 아시죠?

한 달에 한 번. 다시 말해서 이건 어른이 된다는 증거예요. 여자애가 아
닌 여성 말이에요. 초경뿐인 줄 아세요? 가슴이 자꾸만 간지럽고 아파
서 견딜 수가 없어요. 봉긋 올라온 가슴을 보시고 엄마가 브래지어를 사
주셨어요. 브래지어를 하고 학교에 처음 간 날, 남자 아이들이 어떻게
알았는지 자꾸 등을 손바닥으로 치며 놀려 대는 거예요. 엄마는 브래지
어를 하는 것이 부끄러운 일이 아니라고 하시지만 저는 정말 부끄러워
죽는 줄 알았어요. 저도 곧 초경을 하겠지요? 여자가 되겠지요? 이제
저는 무엇을 해야 할까요? 어떤 생각을 해야 할까요? 저도 제 마음을
잘 모르겠어요. 누군가 제 마음을 대신 읽어 줬으면 좋겠어요.

말과 글은 달라요

 "음소에서 어휘소로, 다시 문장으로, 나아가 문장보다 더 큰 전체로 이어지는 단선적인 진행은 존재하지 않는다."

— 폴 리쾨르

1 치매에 걸린 할머니

"이건 제 거라고요."

일요일 오전, 아침 식사 후 엄마는 정신없이 집안일을 하시느라 바쁘셨습니다. 설거지를 하고 청소기를 돌리고 욕실 청소를 마치신 엄마는 다 마른 빨래를 거실에 걸어 두셨습니다. 나는 혹시나 할머니가 내 방에 들어와 책상을 뒤지실까 봐 방에서 꼼짝하지 않고 있는데 엄마가 한숨을 쉬시며 나를 부르셨습니다. 엄마가 빨래를 걸어 오는 사이 할머니께서 또 일을 저지르셨기 때문이지요.

할머니는 종종 변기에 소변을 보지 않으시고 하수구 구멍에 소변을 보십니다. 어떤 때는 욕실 문을 활짝 열고 하얀 엉덩이를 다 보이시며 말이지요. 정말 민망하기 짝이 없는 행동이지만 어쩌겠어요. 치매에 걸리신 할머니니 그냥 모른 척할 수밖에요. 그런데도 엄마가 힘들게 욕실 청소를 마치신 다음에 아무 데다 소변을 보시면 나도 모르게 짜증이 납니다. 청소를 또다시 해야 하는 엄마는 얼마나 힘이 드시겠어요. 차마, 말씀은 못하시지만 말이에요. 엄마는 다시 욕실 청소를 해야 한다면서 나보고 빨래 좀 개켜 달라고 하셨습니다. 나는 안타까운 마음에 거실로 나와 빨래를 개켰습니다. 그런데 갑자기 할머니가 내 브래지어를 집어 들더니 뒤로 감추시는 게 아니겠어요?

"그건 제 거라고요. 얼른 주세요. 할머니!"

나는 할머니에게 버럭 소리를 질렀습니다. 그러나 할머니는 막무가내였습니다. 절대 주지 않겠다는 듯 입을 악물고 브래지어를 등 뒤로 숨기셨습니다.

"이게 왜 네 거니? 내 브라자야!"

나는 빨래 더미를 뒤적였습니다. 그리고 축 늘어진 할머니의 브래지어를 찾았습니다.

"이게 할머니 거라고요, 자 여기요.!"

나는 할머니의 브래지어를 내밀었습니다. 그러나 할머니는 꿈쩍도 안 하셨습니다.

"그건 너 가져. 이게 내 거야!"

할머니는 내 브래지어를 내보이고는 다시 등 뒤로 감추셨습니다. 그리고는 무슨 보석 만지듯 가슴에 품고 흐뭇하게 바라보시는 것이었습니다.

내가 브래지어를 하는 것을 아직 아빠와 남동생은 모릅니다. 혹시나 알게 될까, 부끄러워 몰래 가져다가 넣어 두곤 했는데 엄마가 한꺼번에 빨래를 걷어 오시는 바람에 다른 빨래들과 섞여 버린 것입니다. 나에게 브래지어는 빨리 숨기고 싶은 물건일 뿐입니다. 같은 물건인데도 할머니와 내가 생각하고 있는 것은 참 다릅니다. 아무리 할머니를 이해하려고 해도 이러한 상황들은 좀처럼 해석되지가 않습니다. 저에게는 할머니의 행동이 마냥 억지스러워 보이니까요. 차라리 어려운 영어 단어를 번역하는 것이 더 낫겠습니다.

예전에 우리 영어 선생님께서 비슷한 이야기를 해 주신 적이 있었습니다. 'LOVE'를 우리말로 옮기면 '사랑'이 되지만 그 해석은 사랑뿐만 아니라 고뇌가 될 수도 있고 기쁨이나 행복이 될 수

행복

고뇌

해석 …… 비유와 상징,
은유를 포함 ……
삶의 철학이 될수도 ……

도 있다고요. 왜냐하면, 사랑은 대부분의 사람들에게는 좋은 기억으로 남아 있겠지만 아픈 사랑을 경험한 사람도 있을 테니까요.

말을 해석하는 것은 문법적인 의미와는 다르게 그 당시의 상황과 말을 하는 사람의 상황과 표현을 얼마나 이해하는지를 포함한다는 것입니다. 그래서 번역이 해석과 같기는 해도 근본적으로 다르다고 하셨습니다. 번역은 단어나 문장을 다른 언어로 옮기는 것이지만 항상 속뜻을 곱씹어 보아야 하는 거라고요. 그건 문장을 해석하는 것뿐만 아니라 마음을 조금 더 넓혀서 모든 상황을 이해하려고 하는 자세가 필요한 것입니다.

해석은 비유와 상징, 은유를 포함한다나요? 해석은 삶의 철학이 될 수도 있다고 했습니다. 저도 철학적으로 할머니에게는 이 물건이 어떤 의미가 있을까 생각해 보고 싶습니다. 하지만 그 의미를 생각해 보기에는 시간이 너무 없습니다. 곧 아빠와 남동생이 집에 들어올 거거든요. 나는 이 상황이 너무 당황스럽기만 합니다.

"아이, 제 거라니까요!"

다행히 아빠와 남동생은 세차를 하러 갔기 때문에 집안엔 할머니와 엄마 그리고 나뿐이었습니다.

"너 왜 남의 것을 탐내니? 내 거라니까! 이거 우리 언니가 사다 준 거란 말이야!"

할머니는 거짓말도 잘하십니다. 할머니에겐 언니가 없으니까요. 치매에 걸리신 할머니는 종종 알 수 없는 사람이 되곤 하셨습니다.

나는 아빠와 남동생이 갑자기 들이닥칠까 봐 현관을 힐끔 쳐다보며 할머니 등 뒤로 가서 얼른 내 브래지어를 낚아챘습니다. 이에 질세라, 할머니도 달려와 내 브래지어 끈 한쪽을 잡았습니다. 할머니와 나는 줄다리기를 하듯 브래지어를 잡고 늘어졌습니다. 이러다가 정말 할머니의 브래지어처럼 늘어날 것만 같았습니다.

"아잉…… 할머니!"

나는 거의 울 지경이었습니다.

할머니는 뭐가 그리 재미있는지 이죽이죽 웃으시며 끝내 브래지어를 놓지 않으셨습니다.

"아잉…… 엄마!"

이번엔 엄마를 불렀습니다. 이 상황 좀 말려 달라는 뜻이었지요. 엄마는 내 물건을 탐내시는 할머니와 나의 실갱이가 늘 있는 사소한 다툼이라 생각하셨는지, 대수롭지 않다는 듯 쳐다보시곤 욕실 청소만 하셨습니다.

"빨리 주세요! 늘어난단 말이에요!"

나는 할머니에게 애원하듯 소리쳤습니다.

"너 왜 자꾸 내 것을 가져가려고 그래? 이 도둑년!"

나는 너무 화가 났습니다. 아무리 치매에 걸리셨지만 지나친 억지와 모함에 욕까지 하시다니요! 브래지어 따위가 늘어나는 것은 상관없었습니다. 그저 할머니의 억지에 지고 싶지 않았습니다. 할머니와 나는 브래지어를 사이에 두고 팽팽한 줄다리기를 했습니다.

"지금 뭐 하는 거니?"

등 뒤에서 들려오는 목소리는 엄마가 아닌 아빠였습니다. 그 옆에는 눈을 동그랗게 뜨고 지켜보는 남동생도 있었고요. 엄마도 아빠의 큰 목소리에 고무장갑을 낀 채로 욕실에서 나오셨습니다.

"삼촌! 자꾸 저 애가 내 걸 가져가려고 해요."

할머니는 마치 어린애처럼 아빠에게 매달리며 응석을 부렸습니다. 아빠는 또 정신을 놓으신 할머니를 바라보며 한숨을 내쉬었습니다. 그리고 치매에 걸린 할머니와 아옹다옹하는 나를 꾸지람하시듯 무섭게 바라보셨습니다. 나는 어깨를 떨구었습니다.

"가인아⋯⋯."

엄마는 차마 말을 잇지 못하셨습니다.

"어? 그거 뭐야? 누나 브래지어 해? 히히히! 몰랐네? 어디 좀 보자!"

동생은 뭐가 그리 재미있는지 싱글벙글 웃어 대며 할머니와 내가 내팽겨쳐 둔 브래지어를 집어 들려고 했습니다. 나는 창피해서 얼굴이 빨갛게 달아올랐습니다. 얼른 바닥에 떨어진 브래지어를 집어 등 뒤로 감추었습니다. 웬일인지 이번엔 할머니가 그것을 빼앗으려 하지 않았습니다. 그래서 나는 더욱더 창피했습니다. 아빠와 남동생이 내가 브래지어를 한다는 사실을 알게 된 것이 창피한 것이 아니라, 치매에 걸리신 할머니를 돌보기는커녕 옥신각신했던 내 모습이 너무나 부끄러웠습니다.

2 일기

    오늘 저녁 식사 시간은 아주 엉망이었습니다. 할머니는 나와 다투느라 지치셨는지 곧 잠이 드셔서 저녁 식사 시간이 되어도 일어나지 않으셨습니다. 끼니를 거르시고 주무시는 할머니를 걱정하느라 엄마 아빠조차 식사를 제대로 못하셨습니다. 나는 나대로 동생은 동생대로 서로의 눈치를 살피며 순가락을 뜨는 둥 마는 둥 했습니다.

    일요일은 가족이 한자리에 모여 저녁 식사를 하는 유일한 날이기도 했습니다. 그런데 낮에 있었던 일 때문에 엉망이 되어 버린 것이지요. 이런 일은 할머니가 치매에 걸리신 뒤로 종종 일어났습니다. 그러나 가끔 있는 일이라고 해도 이렇게 집안 분위기가 변하지는 않았습니다. 오늘 일은 나 때문에 일어난 것이라고는 하지만, 나는 나대로 짜증이 났습니다. 사춘기에 접어든 나에게 관심을 가져주는 가족은 아무도 없었습니다. 무조건 할머니, 할머니…… 할머니 중심으로만 생활하고 있으니까요. 가족 누구도 내가 무슨 고민을 하는지 어떤 가수를 좋아하는지 어떤 과목을 힘들어하는지 친한 친구 이름이 무엇인지에 대해서는 관심이 없으니까요. 나도 관심을 받고 싶었습니다.

저녁 식사를 엉망으로 마치고 나는 설거지를 했습니다. 엄마가 시키지 않아도 스스로 한 일입니다. 부쩍 힘들어하시는 엄마를 돕고 싶었기 때문이었습니다. 다른 때 같으면 대견하다고 머리를 쓰다듬어 주실 법도 한데, 엄마는 아무 말 없이 식탁에 앉아 혼자 커피를 마십니다.

나는 슬그머니 설거지를 마치고 방으로 들어왔습니다. 도대체 숨이 막혀 살 수가 없을 것만 같았습니다.

나는 괜히 눈물이 났습니다. 눈물이 나니 우울해졌습니다. 무엇

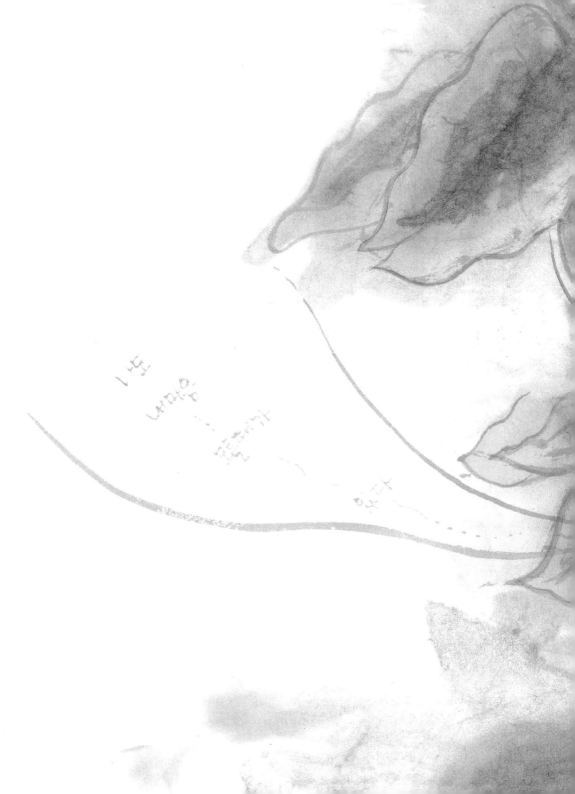

때문인지는 모르겠지만 서글퍼지기도 했습니다. 눈물이 조금 나오는 줄 알았는데 어느 샌가 나는 엎드려서 펑펑 울고 있었습니다. 울고 나니 조금 괜찮아진 것도 같았습니다.

나는 일기장을 폈습니다. 일기 쓰는 걸 별로 좋아하지 않았는데 할머니가 치매에 걸리시고 나서부터 누군가에게 하지 못하는 말, 답답한 마음을 일기장에 생각나는 대로 적어 놓았습니다. 처음에는 몰랐는데 일기를 쓰고 나면 마음이 한결 가벼워지는 것을 느낄 수 있었습니다. 일기는 내 마음을 누군가에게 말로 전하는 것보다 좀 더 정확하게 표현할 수 있는 힘이 있습니다.

그것은 말과 글의 차이 때문일까요? 친구에게 말하는 것처럼 일기장에 글로 쓰고 나면, 실제로 말했을 때보다 마음이 더 환해지기도 하니까요. 말로 뱉을 때는 종종 내가 무슨 말을 했는지 혹은 정확하게 내 마음을 전달했는지 잘 모를 때가 있지만 글로 썼을 때는 내 생각이 더 잘 정리되어 표현되는 것 같아요. 그러고 보니 말과 글은 참 많이 닮았지만 분명히 다른 것 같습니다. 마치 병아리가 닭에 속하기는 해도 병아리와 닭은 분명한 차이가 있는 것처럼 말이지요.

언젠가 학교에서 음성 언어와 문자 언어의 차이점을 배운 적이 있어요. 음성 언어인 말은 변화가 심하고 짧은 시간에 내뱉어야 하는 즉흥성이 있습니다. 또한 말은 한번 뱉으면 주워 담을 수 없고, 녹음기나 전화기 같은 기계를 사용하지 않고는 보존도 불가능해요. 하지만 문자 언어인 글은 시간의 제약을 받지도 않고, 쓰고 난 후 여러 번 다시 고쳐 쓸 수도 있다고 합니다. 그러니 그 의미가 더 깊어지고 확실해지는 것 아니겠어요? 글은 어떤 의미를 고정할 수가 있으니까요. 그래서 일기가 내 마음을 더 환하게 해 주었는지도 모릅니다.

 일기장을 펴고 나는 연필을 들었습니다. 뭔가 쓸 말이 많을 것 같았는데 막상 쓰려고 하니 자꾸 머뭇거리게 됩니다. 아마도 마음속 여러 가지 말들이 글이 되지 못하는 까닭인 것 같아요. 나는 한참 동안 일기장만 바라보다 결국 한 자도 쓰지 못하고 지난 일기만 펼쳐 보았습니다.

○월 ○일

나도 내 마음을 모를 때가 있다. 아니, 내 마음이니 내가 제일 잘 알긴 하는데 그것에 어떤 의미가 담겨 있는지는 잘 모르겠다. 나 혼자만 하는 고민인지, 사람이라면 누구나 하게 되는 고민인지, 무엇이 옳은것이고 그른 것인지, 과연 나는 무엇을 바라는지……

복잡한 내 마음을 쉽게 설명해 줄 수 있는 기계 같은 것이 있었으면 좋겠다. 마치 사전이나 《성경》에서 어려운 말을 해석해 주고 주석을 달아 이해를 쉽게 해 주는 것처럼 내 마음속 복잡한 것들을 풀어서 보여 주는 그런 기계가 있었으면 좋겠다.

언제부터인지 내 일기장을 메운 내용은 대부분 이런 내용이었습니다. 언제 무엇을 하고 어떤 일이 있었는지가 아니라, 그냥 내 마음이 이렇다 저렇다 하는 내용…… 그러나 정작 나중에 읽어 보아도 그때 내 마음이 어떤 것이었는지 알 수가 없었습니다.

그런데 나는 갑자기 눈이 동그래졌습니다. 내 일기를 읽다가 갑자기 깜짝 놀라게 된 것은 바로 내 글씨가 아닌 다른 글씨가 쓰여 있는 것을 보았기 때문입니다. 일기는 모름지기 자기 혼자만의 비밀 같은 것입니다. 동화책처럼, 혹은 글짓기 숙제처럼 일기를 모두가 함께 읽는 경우는 없지요. 단짝 친구와 함께 쓰는 비밀 일기 같으면 또 모를까요? 그것도 모두가 아니라 단둘만이 읽는 일기지요. 나는 정말 깜짝 놀라서 한참 동안 멍하니 일기장을 쳐다보았습니다.

마음을 해석하는 기계라? 정말 재미있구나. 우리는 어쩌면 누구나 마음을 해석하는 기계가 있는지 몰라. 우리는 늘 우리의 의지, 악, 죄, 행복 등의 뜻을 해석하고 이해하면서 의미를 찾으며 살아가고 있으니까. 너무 힘들어하지 마. 알았지?

누구일까요? 이런 글을 써 놓은 사람이? 엄마일까요? 아니, 엄마는 아닌 게 확실해요. 엄마의 글씨체는 내가 확실히 알기 때문이죠. 가정 통신문을 보시고 엄마가 써 주시는 의견란이 있는데 거기서 여러 번 엄마의 글씨체를 보아 엄마의 글씨는 확실히 알고 있지요. 그렇다면 아빠? 밤늦게 일하시고 들어오시는 아빠가 내 일기를 훔쳐볼만큼 여유가 있을까요? 아니겠죠? 그렇다면 남동생? 에이, 그건 아니겠지요. 그 애가 저런 말을 해 줄 수 있는 수준은 아니죠. 그러면…… 할머니? 그건 더더욱 아니겠지요. 할머니는 치매를 앓고 계시니까요. 그렇다면 또 다른 누구? 글쎄 누구일까요? 그것보다…… 어쨌든 누군가 내 일기를 훔쳐보았다는 것인데…… 정말 속상한 일이 아닐 수 없었습니다. 일기는 비밀 이야기인데 그것을 훔쳐보고 글까지 써 놓다니요. 그때, 노크 소리가 들렸습니다. 나는 얼른 일기장을 덮어 책상 속에 넣고 다른 책 하나를 펼쳤습니다. 그리고 마치 책을 읽고 있던 것처럼 모른 체했습니다.

"책 읽고 있었니?"

할머니였습니다. 어느새 일어나신 모양이었습니다. 나는 움찔했습니다. 낮에 있었던 일이 다시 생각나서였기도 했지만, 할머니의 눈빛이 예전처럼 온화하게 변해 있는 것을 보았기 때문이었습니다.

"우리 가인이 공부하느라고 힘들지?"

할머니는 쟁반에 김이 모락모락 나는 찐빵과 코코아를 들고 들어오셨습니다. 솔솔 풍겨 나는 냄새에 나는 금세 얼굴이 환해졌습니다. 저녁 식사를 대충해서인지 배도 고팠던 참이었습니다.

"이것 좀 먹어 봐."

할머니가 치매에 걸리셨다고는 하지만 항상 이상한 말과 행동을 하시는 것은 아니었습니다. 낮의 일처럼 아주 극단적인 행동을 보이시는 것은 그다지 많지 않지요. 어린애처럼 투정을 부리는 일은 잦지만 대체로 여느 때와 다름없는 할머니의 모습이 대부분이에요. 그것을 알면서도 낮에 할머니에게 그렇게 행동했던 나 자신이 떠올라 부끄러웠습니다. 할머니의 평상시 모습은 이렇게 간식을 챙겨 주시고 도닥도닥 어깨를 두들겨 주시는 할머니신데…….

"할머니……."

나는 차마 말을 잇지 못했습니다.

"아! 나도 가인이처럼 학생 시절로 돌아갔으면 좋겠다. 공부도 하고 친구들과 놀며 책도 읽고 멋도 부리고…… 정말 그 시절이 그리워. 가인이가 정말 부럽구나."

할머니는 꿈길을 걷듯 환한 미소로 먼 곳을 바라보셨습니다. 해석하기 어려운 것은 비단 내 마음만이 아닌 것 같았습니다. 할머니의 행동도 해석하기 어렵기는 마찬가지인 것 같았습니다. 그러나 어쨌든 할머니가 갖다 주신 찐빵과 코코아는 아주 맛있었습니다.

텍스트와 말하기

해석학은 현대에 들어와서 독일과 프랑스에서 발달한 철학의 한 경향입니다. 우리는 번역과 해석을 혼동하는 경우가 많지요. 예컨대 '이 영어 문장을 제대로 번역해 보렴'과 '이 영어 문장을 제대로 해석해 보렴' 등 두 가지 말의 뜻을 똑같다고 생각하기 쉽습니다.

그러나 번역과 해석은 분명히 뜻이 다릅니다. 요새는 영어를 한글로 번역하는 컴퓨터도 나와 있어요. 번역은 영어 문장을 한글 문장으로 옮기는 것처럼 어떤 말을 다른 외래어로 옮기는 일입니다. 해석은 번역보다 훨씬 뜻이 넓다고 할 수 있어요. 요컨대 다음과 같은 글들을 잘 읽어 봅시다.

"인생의 의미를 번역해 보아라."

"인생의 의미를 해석해 보아라."

첫 번째 문장의 뜻은 제대로 이해가 가지 않습니다. '인생의 의미를 영어와 프랑스어로 번역해 보아라'와 같은 문장의 뜻은 얼른 이해할 수 있습니다. 그렇다면 '인생의 의미를 번역해 보아라' 라는 문장은 제대로 된 문장이 아니라는 사실을 곧 알 수 있지요. '인생의 의미를 해석해 보아라' 라는 말을 들으면 우리는 인생의 뜻을 여러 가지 관점에서 해석하고 생각할 수 있습니다. 인생의 의미를 해석한다는 것은 인생의 뜻을 풀어서 이해한다는 사실을 말하지요.

그럼 텍스트는 무엇을 말합니까? 물론 텍스트는 책을 말하지요. 앞의 설명에서 알 수 있었던 것처럼 우리들이 어떤 책의 뜻을 알기 위해서는 책을 번역하는 것이 아니라 책을 해석하는 것이 무엇보다도 중요합니다. 예컨대《성경》의 뜻을 제대로 파악하기 위해서는《성경》이 담고 있는 의미를 옳게 해석해야겠지요. 보통 텍스트는 책을 말하지만 텍스트의 의미는 매우 범위가 넓습니다. 리쾨르의 해석학에서는 인간이 대립하는 모든 대상을 텍스트로 취급합니다.

영화는 물론이고 사회 현상이나 자연 또는 인간의 행동 등 우리들 인간의 모든 대상은 바로 해석의 대상이므로 책과 같은 텍스트라고 볼 수 있습니다. 말하자면 행복이나 사랑과 같은 말도 텍스트이기 때문에 그것들을 제대로 해석해야만 우리는 행복과 사랑을 옳게 파악할 수 있어요.

그런데 텍스트는 글인 반면에 우리는 직접 말을 하지요. 글과 말은 분명히 서로 다릅니다. 입으로 말하면 귀로 직접 들을 수 있어요. 따

라서 말은 직접적이고 의미와 대상이 일정하지만 글은 의미와 대상이 일정하지 않습니다. 글(텍스트)은 읽는 이가 여러 가지 차원에서 고뇌하면서 해석하지 않으면 의미가 드러나지 않아요.

 물론 글과 말은 서로 밀접한 관계를 가지고 있어요. 그렇지만 글(텍스트)은 구체적이고 직접적이지 않기 때문에 풀어서 이해하는 해석이 꼭 필요합니다. 그러니까 글(텍스트)은 말보다 더 추상적이고 이론적이라고 할 수 있습니다.

2

텍스트와 행동

 "문장은 기호들로 이루어져 있지만, 그 자체는 기호가 아니다."

－폴 리쾨르

1 우리는 사춘기

"나 고민 있어."

수정이의 말에 우리는 동시에 '뭔데?' 하면서 수정이에게 바짝 다가섰습니다.

"교회에 같이 다니는 오빠가 있는데 그 오빠가 너무 좋아. 멀리서 오빠를 보게 돼도 심장이 막 뛰고 입술이 바짝 마르고……."

"에이, 난 또 뭐라고."

은실이가 실망을 하며 말했습니다.

"그건 내가 가수 지훈 오빠를 좋아하는 증세랑 다를 게 없는데?"

"아니야!"

수정이가 소리를 치는 바람에 우리는 깜짝 놀랐습니다.

"가수를 좋아하는 것은 그냥 좋아하는 거지만…… 그 오빠를 좋아하는 것은 특별해. 그러니까……가수는 여러 사람이 좋아하고 또 쉽게 만날 수도 없지만, 오빠는 나만의……."

수정이는 마치 우리 할머니처럼 자기만의 세계에 푹 빠져 있는 것 같았습니다.

"뭐? 나도 특별해! 그냥 연예인을 좋아하는 감정으로 지훈 오빠를 좋아하는 것은 아니야!"

은실이도 이에 질세라 소리를 질렀습니다.

"그래도 연예인을 네가 만날 수나 있어? 응?"

수정이가 은실이에게 따졌습니다.

"그럼 넌 그 오빠랑 사귀기라도 하니? 너도 멀리서 보면서 좋아하는 건 나랑 다를 게 없잖아."

"그렇지만, 나는……."

수정이와 은실이가 옥신각신하는 것이 어째 좀 불안했습니다. 저러다가 누군가 한 명 삐쳐서 자리를 박차고 일어나거나, 제 분을 못 이겨 울고 말 것만 같았습니다. 희영이도 나와 같은 눈치를 챘는지 수정이와 은실이의 말에 끼어들었습니다.

"나……, 나 말이야. 생리해!"

희영이는 얼굴이 빨개졌습니다. 지연이 다음으로 두 번째입니다.

"정말!"

우리 모두는 깜짝 놀랐습니다. 지연이는 슬그머니 희영이의 손을 잡았습니다. 지연이가 처음으로 초경을 했을 때, 우리조차 지연이를 우리와 다르게 생각하고 수군댔었습니다. 그래서 지연이는 몹시 마음 아파했고 한동안 말을 하지 않았습니다. 그러나 우리도 지연이처럼 언젠가는 겪어야 할 일이기에 진심으로 지연이의 우울한 마음을 달래 주었습니다.

조금은 부끄럽기도 하지만 생리를 시작하는 것은 어른이 된다는 것의 상징적인 의미이기도 합니다. 생물학적으로 사춘기는 신체가 성장해서 2차 성징이 나타나는 시기입니다. 하지만 일반적으로 사춘기는 인생의 봄이라든가, 어른이 되어 가는 과정으로 인식되기도 합니다. 그러게요, 그렇게 생각하면 하나도 부끄러울 것이 없습니다. 내가 어른이 되어서 사춘기를 생각하면 초경을 시작하는 시기였다든가, 부끄러웠던 때였다고 생각하지는 않을 테니까

사춘기 ⋯⋯ 인생의 **봄**

요. 사춘기는 생물학적 대상을 넘어서서 성숙의 상징이 되는 것입니다. 철학적인 해석은 더 깊은 의미와 가치를 주는 것 같습니다. 생물학적인 '사춘기'를 이렇게 이해할 수 있다면 다른 학문도 이러한 의미를 담아 해석할 수 있을 것 같기도 합니다.

 내가 이런 생각을 하고 있는 동안, 희영이의 말을 들은 아이들은 모두 한숨을 내쉬었습니다. 우리도 언젠가 초경을 경험할 테지만 생각만 해도 두렵기 때문이겠지요? 그때 서윤이가 호들갑을 떨며 뛰어왔습니다.

"얘들아!"

 우리는 그런 서윤이를 본체만체했습니다. 분명히 '나 어디가 달라졌게?' 할 것이 뻔했습니다. 머리핀 하나만 바뀌어도, 립크로스를 바르고 와서도, 새끼손톱을 길게 길렀을 때도 늘 했던 말이었습니다. 자신의 작은 변화에 스스로 놀라워하며 그것을 즐거워하는 친구였습니다.

"나 어디가 달라졌게?"

 그러나 조금 전까지 초경 때문에 심각했던 분위기를 일순간 바꿔 놓는 재주가 있었습니다.

"글쎄? 오늘은 또 어디가 달라졌을까? 혹시 양말 속에 감추어 둔 발톱에 매니큐어를 칠한 건 아니니?"

반은 비꼬듯 반은 우스갯소리로 한슬이가 말했습니다. 옆에서 세원이가 한슬이를 쿡 찔렀습니다. 혹시 서윤이가 기분 나빠할지도 몰르기 때문에 나도 순간 움찔했습니다.

"잘 좀 봐봐. 어디가 달라졌는지……."

서윤이가 얼굴을 내밀어서 우리는 서윤이를 빤히 쳐다보았습니다. 글쎄요? 어디가 달라졌을까요? 뭔가 얼굴이 달라진 것 같기는 한데 어디가 어떻게 변했는지 알 수가 없었습니다. 빨간 립스틱을 바른 것도 아니고 파란 눈 화장을 한 것도 아니니 우리가 쉽게 알아볼 수 있을 리가 없지요. 머리 모양도 그대로고, 귀를 뚫은 것도 아닌데…….

"아직도 모르겠어? 여기 좀 봐!"

서윤이는 자신의 눈썹을 가리켰습니다.

"어? 너 눈썹 그렸니?"

"딩동댕동!"

자신의 변화된 모습을 알아봐 준 것이 너무 좋았는지 서윤이의 목소리가 통통 튀어 올랐습니다.

"잘 봐, 그냥 눈썹을 그린 게 아니야. 어제 엄마가 미용실에 가신다고 해서 따라갔었는데 눈썹을 칼로 다듬으시더라고. 그래서 나도 해 달라고 막 졸라서 눈썹을 다듬었는데, 글쎄 두루뭉술했던 내 눈썹이 이렇게 끝이 뾰족하게 변하는 것이야. 그래서 엄마 몰래 아이 펜슬로 끝을 살짝 그렸더니 이렇게 멋지게 변하지 않았겠니?"

서윤이는 뭐가 그리 좋은지 헤헤거렸습니다. 그러고 보니 정말 예쁘긴 예뻤습니다. 잔털들이 많이 나 있는 우리들의 눈썹과는 분명 달랐습니다.

"텔레비전에 나오는 연예인처럼 예쁘다!"

누군가의 칭찬에 서윤이는 한술 더 떴습니다.

"야, 저녁에 하는 그 드라마에 나오는 여자 연예인 눈썹하고 똑같지 않니?"

서윤이의 말에 수정이가 '너도 연예인?' 하고 말해서 내가 수정이에게 찡긋해 보였습니다. 괜히 은실이와 말다툼을 할까 봐 걱정스러웠습니다.

"그런데 요즘 현지는 왜 그리 말이 없니?"

희영이가 물었습니다.

부쩍 말수가 줄어든 현지는 쉬는 시간에도 혼자 무언가를 끼적

이거나 책상에 엎드려 있었습니다. 누군가 말조차 붙이기 어려울 정도로 심각한 얼굴을 하고 말이지요. 그래서 누구든 현지에게 쉽게 말을 걸지 못했습니다.

원래 현지는 우리와 달리 좀 더 어른스럽습니다. 초경을 한다거나 가슴이 볼록하다거나 키가 크다거나 외모에 관심이 많은 것과는 차원이 다른 어른스러움입니다. 책을 많이 읽고 아는 것이 많아서일까요? 무슨 문제에 부딪혔을 때 슬기롭게 지혜를 짜내는 것이나 우리가 생각하지 못했던 것을 생각해 내는 것처럼 정신적으로 어른스러운 친구랍니다. 우리가 언쟁을 벌이거나 고민에 싸였을 때 조심스럽게 다가와 문제의 방향을 제시하던 친구, 그런 현지가 요즘 이상해졌습니다.

"정말, 요즘 애들 마음을 알 수가 없다니까!"

은실이가 말했습니다.

"사춘기라 그렇단다."

수정이가 거들었습니다.

"맞다! 사춘기."

지연이와 희영이가 맞장구를 쳤습니다. 나도 고개를 끄덕였습니다.

"너희 이런 말 들어봤니? 피할 수 없으면 즐겨라! 사춘기를 피할 수 없으니 사춘기를 즐길 수밖에!"

서윤이의 말에 아이들이 웃어댔습니다. 서윤이는 말을 하면서도 손거울을 들고 제 눈썹을 보느라 정신이 없었습니다.

정말 현지는 '사춘기 앓이'를 하고 있는 걸까요? 혹 다른 문제가 생긴 건 아닐까요?

2 암호

모둠 발표가 있어 지연, 희영, 수정이가 우리 집에 모여 숙제를 하기로 했습니다. 치매에 걸린 할머니 때문에 나는 우리 집에 모여서 숙제하는 것을 그리 좋아하지 않지만, 매번 다른 친구들 집에서 했기 때문에 이번엔 어쩔 수 없이 우리 집에서 하기로 했습니다. 그런데 우리는 숙제는커녕, 아까 학교에서 친구들과 나누었던 얘기를 하고 있었습니다.

"정말 알 수가 없다니까. 변해도 너무 변했어."

"그러게 말이야. 누구든 아무리 꽁하고 있어도 현지의 한마디면 돌아서서 마음을 풀었는데 현지가 저렇게 말을 하지 않고 있으니 말주변이 없는 내가 먼저 말을 걸 수도 없고."

"무슨 고민 있나? 혹시 현지도 초경 같은 거 하나?"

아이들은 본인들 나름대로 제각각 말했습니다.

"에이, 지난번에 지연이가 초경했을 때 우리 모두 우울해하는데 현지가 '축하해!' 하면서 그건 마치 생일처럼 여자로 태어나는 의식 같은 거라고 말해줬잖아."

"맞아, 그런 현지가 초경 따위로 저렇게 변할 리가 없어."

수정이의 말에 내가 맞장구를 쳤습니다.

나는 현지가 우리들이 해결하지 못하는 것들을 지혜롭게 척척 생각해 내서 믿음이 가고 좋았습니다. 언니가 없는 내게 현지는 마치 언니 같은 존재였지요. 그런 현지가 다름 아닌 내 짝꿍이라는 사실도 좋았습니다. 그렇지만, 요즘 같아서는 무척 괴롭습니다. 달라진 현지 때문에 괜히 눈치를 보게 되기 때문이었습니다.

"아까 현지가 이런 낙서를 해 놓은 것을 보았어."

나는 천천히 말했습니다.

"높은 첨탑 위의 종은 누가 울릴까? 저 깊은 바닥에서부터 쓸려

오는 아픔은 종소리처럼 사라졌다가 각성처럼 나를 떠민다."

나는 마치 시를 읊듯 현지의 낙서에서 보았던 내용을 되짚으며 중얼거렸습니다.

"뭐라고? 종소리가 어떻다고?"

"히야, 낙서치고 너무 어렵다."

수정이와 은실이의 입이 떡 벌어졌습니다.

"그런데 각성이 뭐야?"

희영이의 말에 지연이가 대답합니다.

"뭐, 깨달음 같은 거 아닐까?"

"그런데 왜 갑자기 높은 첨탑이 어떻고 종소리가 어떻다는 거야? 우리 동네에 그런 게 있었냐?"

수정이가 알 수 없다는 듯 고개를 절레절레 흔들었습니다.

"내가 생각하기엔, 정말 그런 것들을 보고 쓴 것이 아니라 뭔가 마음속으로 생각해서 그걸 비유해 놓은 것은 아닐까?"

나는 조심스럽게 말했습니다.

"가인이 말대로라면, 마치 그건 무슨 암호 같은데?"

지연이의 말에 희영이가 손뼉을 쳤습니다.

"그래, 암호! 뭔가 자신의 생각을 들키지 않기 위해 암호로 적어 놓은 생각…… 뭐 그런 게 틀림없어. 현지라면 그럴 수 있지. 책도 많이 읽었으니까 그런 것쯤은 너무 쉬운 일 아니겠어? 사실 현지 자체가 우리에게는 알 수 없는 암호지만……."

수정이의 말에 나도 동의했습니다. 정말 내 마음도 알 수 없지만 현지의 행동도 알 수가 없었습니다. 그리고 보니 세상은 온통 암호 투성이인 것만 같았습니다. 치매에 걸리신 할머니가 가을인데 봄이 왔다며 종종 알 수 없는 말을 하시는 것 또한 암호 같으니까요.

"정말 세상엔 암호 아닌 것이 아무것도 없는 것 같아…… 휴!"

혼잣말인 듯 한숨을 쉬는 나를 아이들이 이상하게 쳐다보았습니다. 그때 노크 소리와 함께 할머니가 들어오셨습니다. 나는 화들짝 놀랐습니다. 조금 전 할머니 생각을 하고 있었는데 진짜로 할머니가 들어오셨으니까요. 지난번 일기를 쓸 때도 할머니 생각을 하자 할머니가 들어오셨는데…… 마치 할머니는 내 마음을 읽고 계신 것처럼 불쑥 나타나셨습니다. 그러니 정말 놀랄 수밖에요.

그리고 또 한 가지. 아이들이 우리 할머니께서 치매에 걸리신 것을 알고 있지만 한 번도 이상한 행동을 하시지 않아 무서워하거나 싫어하지는 않습니다. 그렇지만, 지난번처럼 할머니가 갑자기 변해서 이상한 행동을 하신다면 분명 아이들은 놀랄 테고 그러면 우리 집에도 오는 것을 싫어하거나 나를 이상한 아이로 볼 것만 같았습니다. 그래서 차라리 할머니가 그냥 꼼짝 않고 할머니 방에 계셨으면 했지요. 그런데 왜 내 방에 들어오셨을까요? 나는 조마조마했습니다. 그러나 다행히도 할머니의 손에는 간식이 들려 있었습니다. 할머니의 손에 간식이 들려 있다는 것은 할머니의 정신이 온전하시다는 것을 의미합니다. 할머니는 원래 친절하고 아이들을 좋아하시는 선생님이셨으니까요.

할머니가 주신 고구마와 곶감은 정말 맛있었습니다. 다른 집에 가면 과자나 주스, 그리고 과일이 고작인데 할머니가 내주시는 간식은 정말 다양합니다. 생각지도 못했던 천연 간식들이지요.

"할머니 정말 맛있어요. 이 곶감은 먹기도 좋고 시원하네요."

희영이의 말에 할머니는 기분이 좋아 보였습니다.

"그러니? 명절 때나 제사 때에 사용했던 곶감인데 그냥은 잘 먹지 않아 처치 곤란이란다. 명절 때는 먹을 게 많으니 곶감을 먹겠니? 신문지에 잘 싸서 냉동실에 보관해 두었다가 이렇게 입이 심심할 때 가늘게 채를 썰어 먹으면 색다른 맛을 느낄 수 있단다."

할머니는 온화한 미소를 지으며 말씀하셨습니다.

"우아, 우리 엄마는 할머니처럼 그렇게 안 해 주세요. 매번 잘못

보관해서 말라 버렸다며 냉장고에서 쓰레기통으로 가기 일쑤예요. 히히."

수정이의 너스레에 할머니는 기분이 더 좋아지신 것 같았습니다.

"그런데 너희 무슨 숙제하고 있었니? 교사 시절에 숙제 검사했던 일이 떠올라 궁금해지는구나."

할머니는 선생님이셨던 시절이 떠올랐는지 슬그머니 눈가가 젖는 것 같기도 했습니다.

"숙제는커녕 수다만 떨고 있었어요."

지연이가 말했습니다.

"무슨 수다? 재미있는 얘기니?"

"아니요! 재미없는 얘기예요. 이 세상은 정말 암호투성이 같다는 거였어요."

희영이는 표정을 찡그렸습니다.

"호호, 정말 재미있는 이야기네 뭐. 세상이 암호투성이 같다! 멋진데?"

할머니는 마치 선생님처럼 말씀하셨습니다. 어쩌면 할머니는 지금 재직 시절의 젊은 여선생님으로 돌아가 계신지도 몰랐습니다.

"내가 아는 척 좀 할까?"

갑작스런 할머니의 말씀이 궁금해서 우리는 먹고 있던 고구마와 곶감을 내려놓고 할머니 곁으로 바짝 다가갔습니다. 나도 내심 할머니가 암호 같은 세상에 대한 해석을 해 주실 것만 같은 기대가 생겼습니다. 사실 암호 같기는 치매에 걸리신 할머니도 마찬가지이지만요.

"그래, 너희가 말했던 것처럼 우리의 삶 그리고 텍스트나 역사도 마치 상징적 기호나 암호처럼 우리 앞에 던져져 있단다. 그래서 우리는 이 암호를 자발성과 창조성을 가지고 해석해야만 하지."

할머니의 설명에 우리는 약속이나 한 것처럼 동시에 얼굴을 찡그렸습니다. 암호 같은 이야기가 암호보다 더 어려워졌기 때문이었습니다.

"텍스트니 역사니, 자발성과 창조성을 가지고 암호를 해석해야 한다느니…… 너무 어려워서 무슨 말인지 모르겠어요."

수정이의 말에 우리도 '맞아요!' 하고 제비처럼 입을 모았습니다.

"어머? 내 설명이 어려웠구나. 너희가 세상이 모두 암호투성이라고 한 말에 내가 생각나는 대로 말해 버렸어."

할머니는 귀엽게 손으로 입을 막으셨습니다.

"일단 텍스트가 뭐예요? 그것부터 차근차근히 설명해 주세요."

일단 어려운 단어부터 풀어 가다 보면 재미있는 이야기를 들을 수 있을 것 같았습니다.

"음, 그러니까 불어 사전에 보면 텍스트는 '원문'이나 '본문'이라고 나와 있어. 그러니까 해설서나 설명서가 아니라 독자적인 사상이 담긴 '원래의 책'이라는 뜻이지. 한마디로 텍스트는 글로 쓰여진 담론이라고 할 수 있어. 담론의 뜻이 뭐냐고?"

아이들이 제 마음을 들킨 양 웃었습니다. 할머니도 따라 웃으셨습니다.

"담론은 대화와 비슷한 뜻이란다. 담화라고도 할 수 있고. 하지만 대화보다는 어떤 주제에 대해 더욱 비중을 두고 논의를 하는 것을 말하지."

"그런데요, 할머니! 그런 텍스트의 의미를 옳게 해석해서 뭘 어쩌자는 거지요? 텍스트의 의미를 해석하고 이해해서 그것으로 무엇을 얻을 수 있나요? 제아무리 해석을 잘하고 텍스트의 의미를 이해한다고 해도 결국 목적의식이 있어야 하지 않을까요?"

나는 나도 모르게 손을 번쩍 들며 말했습니다.

"가인이 말이 맞다. 너희가 세상의 암호를 이해해서 삶의 의미를 찾으려고 한다는 것과 별반 다를 것이 없으니 할머니의 이야기를 더 들어보렴."

나는 할머니의 다음 이야기가 궁금해졌습니다. 너무나 어려웠지만 좀 참아 보기로 했습니다.

"생소하겠지만, 프랑스의 철학자 리쾨르가 말하기를, '해석'은 인간의 자발적이면서도 창조적인 활동이라고 했어. 그러니까 텍스트를 해석하는 일은 '인간 활동'이라고 할 수 있고 자발적이고 창조적으로 자아를 실현한다고 할 수 있겠지?"

"그러니까 할머니 말씀은 텍스트는 일종의 암호이고 우리는 이 암호를 자발성과 창조성을 가지고 해석해야만 한다는 것이지요?"

지연이의 말에 할머니가 기특하다는 듯 머리를 쓰다듬어 주셨습니다.

"그래, 좀 전에 말했던 리쾨르는 텍스트를 상징과 은유의 표현이라고 했는데 상징과 은유가 실은 암호나 마찬가지지. 넓은 의미에서는 사회 구조도 텍스트로 볼 수 있어. 사회 제도 역시 인간이 매번 신중하게 생각하고 다시 해석함으로써 바람직한 것으로 개선될 수 있지 않겠니?"

"사회 구조도 일종의 텍스트라고 보는 것은 바로 텍스트가 인간 활동의 산물이라는 것이겠지요?"

이번엔 내가 좀 아는 체를 했습니다. 할머니는 뿌듯하신 듯 고개를 끄덕이셨습니다.

"음, 예를 들면 수정이가 자기가 좋아하는 오빠에게 장미꽃을 선물했다면 그것은 단순한 식물의 장미가 아니라 사랑의 상징이 되는 것처럼 그렇게 해석을 해야 의미와 가치가 있다는 것이지요?"

희영이의 말에 할머니는 아주 놀라워하셨습니다. 놀라긴 우리도 마찬가지였습니다. 희영이가 할머니의 말씀을 아주 쉽게 잘 이해했기 때문이었습니다. 그렇지만 수정이는 얼굴이 빨개져서 울상이 되었습니다. 자신이 교회 오빠를 좋아한다고 말했던 것이 생각났기 때문이었겠지요?

"그래 그게 바로 철학적 해석학이야."

"철학적 해석학이오?"

"그래, 내가 아까 말했던 리쾨르가 철학자라고 했지 않니? 리쾨르가 바로 해석학의 대표적 철학자거든."

"아하!"

처음 들어보는 이름의 철학자가 조금은 이해가 되었습니다. 그리고 철학이라는 어려운 말이 바로 우리가 고민하는 모든 것들을 풀어 주는 열쇠라는 생각도 들었습니다.

"딩동! 딩동!"

그때 벨이 울렸습니다. 누군가 온 모양이었습니다.

"어? 벌써 삼촌이 오셨나?"

할머니는 얼른 밖으로 나가셨습니다.

"삼촌?"

아이들이 의아해했습니다. 나는 얼른 방문을 닫았습니다.

"아니야, 그냥 하시는 말씀이야."

나는 얼버무렸습니다. 할머니가 아빠를 삼촌이라고 부른다는 사실을 아이들에게 말할 수가 없었습니다. 할머니가 조금 전까지 보여 주신 단아하고 총명하신 모습만 친구들에게 보여 주고 싶었거든요. 할머니는 또다시 당신의 세상으로 여행 중이신가 봅니다.

어렸을 적 할머니를 무척 귀여워해 주시던 막내 삼촌이 사고로 돌아가셨는데 할머니는 종종 그 삼촌과 즐겁게 지내던 시절을 잊지 못하시는지 아빠에게 자꾸 삼촌이라고 부르십니다. 아빠가 당신의 아들인 줄도 모르고 자신을 극진히 모시는 아빠를 삼촌이라고 믿는 것이지요.

3 철학자 리쾨르

숙제를 마치고 친구들이 집으로 돌아간 후 나는 컴퓨터 앞에 앉았습니다. 아까 할머니께서 말씀하신 리쾨르라는 철학자에 대해서 좀 더 알고 싶어졌기 때문이죠. 찾아보니 할머니의 말씀이 맞았습니다. 할머니는 퇴직하시고도 책을 많이 읽으시더니 어려운 책도 많이 보셨나 봅니다.

리쾨르의 《의지의 철학》이라는 책의 내용을 요약한 것을 보게 되었는데 참 흥미로웠습니다.

내용은 이랬습니다. 리쾨르의 관심은 자연 과학적인 개별 사실이 아니라 삶과 세계의 의미를 파악하는 것, 즉 인간의 의지, 죄, 악, 행복 등의 뜻을 해석하고 이해함으로써 삶의 의미를 붙잡는 것이 리쾨르의 철학적 해석학의 목적이라고 말이지요.

　그런데 이것은 내 일기장에 적혀 있던 말과 비슷한 말이었어요. 그럼 어쩌면 내 일기장을 보신 분이 할머니가 아니셨을까요? 할머니께서는 아까 리쾨르에 대해 너무나 상세히 알고 계셨으니까요. 내 책상을 곧잘 뒤지시는 할머니시니 일기장을 보시는 것도 가능하고 말이에요. 나는 절로 고개를 끄덕였어요. 할머니에게 왜 내 일기를 훔쳐보셨느냐고 따질 일은 아니었습니다. 할머니는 아마도 무의식중에 보셨을 테니 따져본들 무슨 소용이 있겠어요?

　여하튼 《의지의 철학》이라는 책에서 리쾨르는 도대체 인간이란 어떤 존재인가를 밝히기 위해 자발적인 것과 비자발적인 것의 구조를 현상학적으로 해명하려고 했대요. 인간의 모든 행동은 자발적인 것과 비자발적인 것의 상호 작용이라는 이야기지요.

　맞아요, 우리가 학원에 다니는 것도 순수하게 자발적인 행동이라고 보기는 힘든 것이죠. 우리가 학습을 위해 학원에 다니고 싶어 하는 의지도 있지만 당연히 다녀야 한다는 습관도 있고 또 부

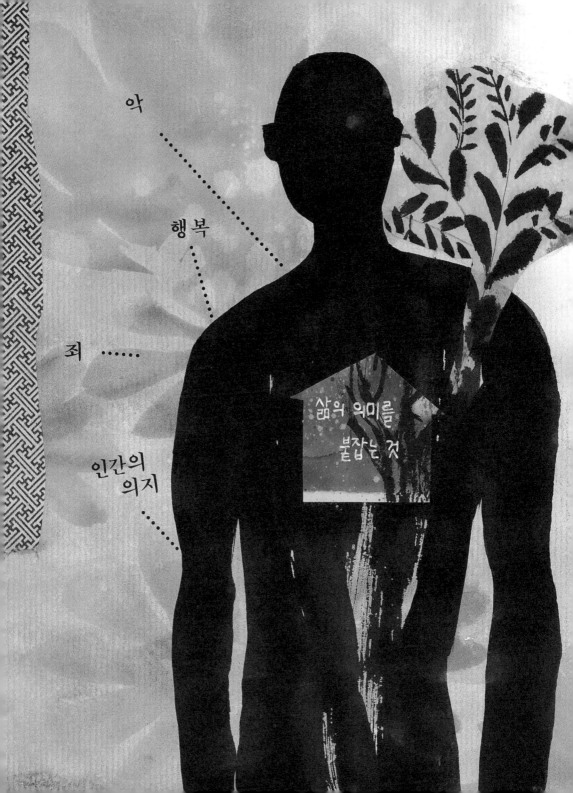

모의 권유나 친구의 권유도 있을 테니까요. 그래서 자발성과 비자발성의 상호 작용에서 결정적 역할을 하는 것이 바로 주체성이라는 군요. 인간의 의지를 잘 분석해 보면 긴장과 갈등과 극적인 것이 항상 드러나는데 의지가 어떤 일을 성공시키기 위해서는 긴장, 갈등, 극적인 것을 화해시키는 주체적 동의가 성립되어야 한다고요. 어려운 말 같지만, 주체적 의지가 어떤 일을 행한다는 것은 이해가 되는 것 같았습니다.

 더 많은 것을 읽어 보고 싶었지만 너무 어려워서 중간에 포기를 하고 말았습니다. 나는 사춘기를 겪으면서 어른이 되어 가고 있다고 믿었는데, 어른이 되기에는 너무 어려운 것들이 많아요. 이런 어려운 글을 읽게 되면 어른들이나 공부하는 거지 뭐, 하고 쉽게 포기하거든요. 신체적인 성숙뿐 아니라 정신적인 성숙이 곧 사춘기의 갈등이 아닌가 싶다는 생각을 해 보았습니다. 어머? 정말 이거 내가 생각해 낸 것 맞나요? 오! 내가 이런 생각을 다 하다니. 사춘기 고민의 첫 소득인걸요?

텍스트로부터 행동으로

    텍스트에 관한 해석 이론은 텍스트와는 상관없는 행동으로 확대될 수 있습니다. 앞에서 이미 우리는 텍스트는 책 혹은 원전이라는 사실을 밝혔습니다. 글로 쓰인 모든 것들은 일종의 책이요, 텍스트입니다. 텍스트라고 하면 흔히 우리는 교과서나 교재를 떠올리지만, 소위 현대철학의 한 경향인 해석학에서 말하는 텍스트는 인간의 모든 이해 대상과 해석 대상을 텍스트로 여깁니다.

    우선 글로 쓰인 텍스트가 입으로 하는 말과 어떤 차이가 있는지를 살핀 다음에 텍스트와 행동에 관해 알아보기로 합시다.

    첫 번째로 말에서는 말하는 사건과 말하여진 것의 의미가 상호 작용합니다. 내가 지금 토끼에 관해 말하고 있다면 내가 말한 것의 의미는 귀가 쫑긋하고 눈이 빨갛고 털이 하얀 토끼지요. 그렇지만 토끼에 관해 여러 가지로 쓴 책을 보면 어떤 생각을 하게 됩니까? 책, 곧 텍스트는 아무 말로 하지 않습니다. 텍스트에는 말은 없고 오직 글과 글이 담고 있는 의미만 있을 뿐입니다.

두 번째로, 말에서는 말하는 사람의 의도와 말한 것의 의미가 중복됩니다. 예컨대 내가 미래에 인간의 정신을 치료하는 정신과 의사가 되겠노라고 말할 경우 내 말 안에는 나의 의도가 있고 왜 내가 그런 말을 하는지에 관한 이유 또는 의미가 동시에 포함되어 있습니다. 내가 말하는 것이 아무런 의도도 없고 또한 아무런 의미도 가지지 못한다면 나는 정신이 온전한 사람이 아닐 것입니다.

세 번째로, 말은 특정한 사람을 대상으로 삼지만 글은 특정한 사람을 대상으로 삼지 않습니다. 이런 주장에 대해 아마도 어떤 사람은 반박할 것입니다.

'연애편지나 비밀 편지도 글이지만 그것은 특정한 인물을 대상으로 삼고 있어요. 그러니까 말만 특정한 인물을 대상으로 삼는 것이 아니고 글도 특정한 사람을 대상으로 삼는 것이 확실합니다.'

이런 주장은 맞는 말이지요. 연애편지나 비밀 편지는 글일지라도 극히 개인적이기 때문에 오히려 말에 가까우므로 예외적입니다. 대부분의 텍스트는 특정인을 대상으로 삼지 않고 모든 사람에게 해석의 대상이 됩니다.

네 번째로, 말에서는 말하는 사람과 듣는 사람이 함께 나누어 가지는 상황이 있지만, 글에서는 글을 쓴 사람과 글을 읽는 사람 사이에

공통적으로 통하는 가까운 상황이 없습니다. 따라서 읽는 사람은 더욱더 글로 쓰인 텍스트를 신중하게 해석할 필요가 있지요.

　그럼 해석학에서는 왜 '텍스트로부터 행동으로' 라는 말을 할까요? 인간의 문화적 행동이나 사회적 행동은 우리가 직접 귀로 들을 수 있는 말과는 다릅니다. 그것들은 글로 쓰인 텍스트와 유사해서 우리들이 깊이 생각하고 이해하며 해석해야만 올바른 의미를 파악할 수 있습니다.

3

텍스트를 해석하다

 "우리는 처음에 거리를 두고 지적된 것과 검토된 것만을 오직 전유한다."

―폴 리쾨르

1 암호를 풀어 주는 기계

도대체 텍스트를 해석한다는 것의 의미를 잘 모르겠어요. 어떻게 해야 그 의미를 해석할 수 있는 것일까요? 사실 텍스트를 해석하고 의미를 찾는 것이 인간 활동이라는 할머니의 말씀은 조금 이해가 갔지만, 어떻게 해야 하는 것인지 방법은 아직도 잘 모르겠어요. 할머니의 눈치를 살피며 여쭈어 볼까도 생각했지만 할머니는 석류를 반으로 쪼개 빨간 석류 알을 하나씩 모으는데 열중하고 계셔서 말을 붙일 수가 없습니다. 할머니가 무엇엔가 집중하고 계시는 것은 또 할머니의 세상에 빠져들었다고 보면 딱 맞거든요. 할머니는 그 많은 석류 알들을 절대 입에 넣지 않고 하나하나 떼어 접시에 담아 놓았습니다. 손가락이 붉게 물들어 가는 줄도 모르고요. 알알이 떼어 낸 석류를 다시 바가지처럼 만든 석류 껍데기에 담아 놓으시고는 '우아! 석류가 열렸네?' 하시며 어린애처럼 좋아하시겠죠?

나는 한숨을 쉬며 그런 할머니 곁을 맴돌다가 신문지 위에 쓰여 있는 글을 읽었습니다.

인간에게는 종말의 슬픔이 있지만, 긍정했을 땐 환희도 있다.

자세히 보니 이것은 내 일기장에 쓰여 있던 글의 필체와 같았습니다. 할머니의 글씨가 틀림없는 글이지요. 그런데 저 글은 또 무슨 암호일까요? 나는 내 방으로 돌아와 할머니가 적어 놓은 글을 다시 종이에 옮겨 적고 한참 동안 생각에 잠겼습니다. 텍스트가 암호와 같아서 그 의미를 해석하는 것이 인간 활동이라는 말이 갑자기 절실해졌습니다. 그야말로 나는 인간 활동이라는 것을 해 보고 싶었으나 도대체 무슨 뜻인지 알 수가 없었습니다.

인간에게는 종말의 슬픔이 있지만, 긍정했을 땐 환희도 있다.

인간의 종말은 죽음이라고 볼 수 있을까요? 죽음이라면 일단 두렵고 슬픈 일인데 어떻게 환희가 될 수 있을까요? 죽음 앞에서 기뻐할 수 있는 사람이 과연 몇 명이나 있을까요? 그건 억지 이론이 아닐까요? 그러나…… 죽음을 극복하려는 의지가 있다면? 그래요, 죽음을 긍정적으로 생각한다면? 반대로 환희가 될 수도 있겠네요? 맞아! 의지의 철학! 리쾨르가 말했던 《의지의 철학》에서 얼핏 보았던 것 같아요. 인간의 나약함을 긍정적으로 극복할 때 넘어설 수 있다고!

치매 때문에 할머니는 정신을 놓으셔서 아무것도 모르시는 것 같지만, 어쩜 당신의 병을 알고 계신지도 몰랐습니다. 그것이 자발적이든 비자발적이든, 의식적이든 비의식적이든 말이지요. 그래서 당신의 병에 대한 두려움, 죽음에 대한 두려움을 극복하고자 끊임없이 노력을 하고 계신지도 모르겠어요. 그것이 비록 아빠를 삼촌이라고 부르든, 어린 시절로 돌아가 내 브래지어를 당신 것이라고 우기든, 알알이 떼어 낸 석류를 다시 열매 맺게 하는 억지든. 그것은 할머니가 죽음을 긍정적으로 극복하고자 하는 노력의 모습일지도 모른다는 생각이 들었습니다.

리쾨르의 해석학을 잘은 모르지만, 나는 조금씩 텍스트를 해석해야 한다는 의미를 알 수 있을 것만 같았어요. 더 많은 것을 알지 못한다고 해도 할머니의 병을, 그리고 행동을 조금씩 해석하고 이해하게 되었잖아요? 이런 과정에서 나 자신도 쑥쑥 자라나는 기쁨을 얻고요.

히야, 정말 재밌어지는데요? 암호를 풀어가는 재미 말이에요. 온 세상이 암호와 수수께끼로 이루어진 것처럼 흥미롭기까지 한걸요. 고작 할머니의 글을 하나 이해했다고 너무 호들갑이 아니냐고요? 히히, 그렇긴 해요. 아직도 내 마음을 다 모르면서……

인 간 의 나 약 함 을

.....

긍정적으로
극복할때

.....

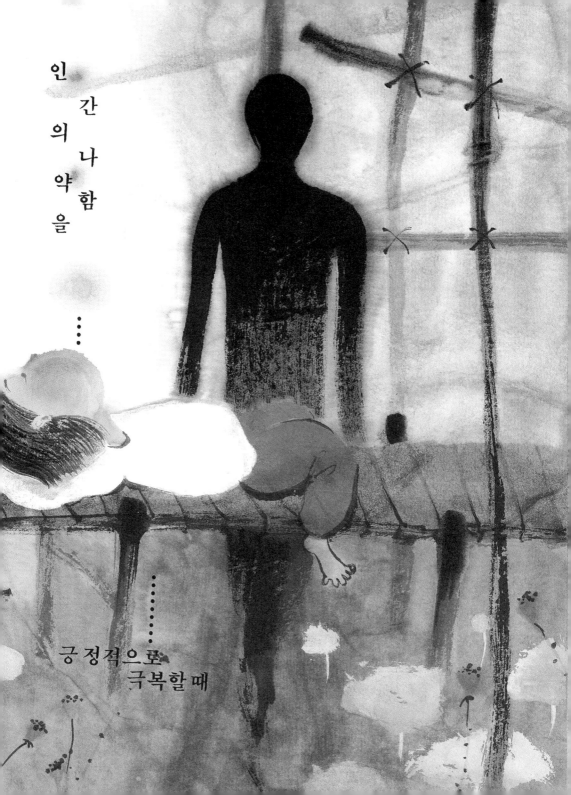

2 현지의 노트

수업이 끝나고 은실이는 쉬쉬하며 친한 아이들을 불러 모았어요. 나는 웬일인가 싶었는데, 은실이는 현지 몰래 나오라는 거였어요. 몰래고 뭐고 현지는 오늘따라 더욱 울상인 얼굴을 하고 가끔 훌쩍이기까지 했습니다. 왜 그러냐고 묻고 싶은 마음이 굴뚝같았지만, 나는 현지의 낙서를 생각하다가 그만두었습니다. 뭐가 뭔지는 모르지만 지금 현지의 아픔은 종소리처럼 사라졌다가 각성으로 현지를 떠미는 중일 테니까요.

"무슨 일인데, 왜 그렇게 호들갑이야?"

수정이는 은실이와 단짝이면서도 매번 말꼬리를 잡았습니다. 아마도 친한 친구이니 가능한 일이었겠지요.

"무슨 일인데?"

나도 무척이나 궁금했습니다. 은실이가 뭔가 중대한 발표를 할 것만 같았거든요. 짐작건대 현지의 일이 아닐까요? 현지 몰래 나오라고 했으니 현지 일이 분명할 것만 같았습니다.

"혹시, 현지에 대해 뭔가 알아냈니?"

나도 모르게 다그쳐 물었습니다. 은실이는 고개를 끄덕였습니다. 역시 그랬습니다. 현지가 요즘 이상해진 이유를 알아냈을지 모른다는 사실에 나는 더욱더 무슨 일인지 궁금했습니다.

"이거……"

은실이는 노트 한 권을 꺼냈습니다.

"그게 뭐야?"

지연이가 물었습니다.

"현지의 노트!"

은실이의 말에 우리는 머리를 모았습니다.

"현지의 노트?"

"응."

"그걸 어째서 네가 갖고 있는데?"

수정이는 현지의 노트를 받아들었습니다.

"화장실 두 번째 칸에서 발견했어. 아마 현지가 가지고 들어왔다가 놓고 간 모양이야."

은실이는 심각하게 말했습니다.

"에게, 난 또 뭐라고? 현지의 노트가 어쨌는데 그리 호들갑이었어?"

수정이는 예상했던 것보다 시시한 것이라고 생각한 모양이었습니다.

"그냥 노트가 아니야. 아마도 현지의 이야기 노트인 것 같아."

수정이가 아무렇게나 노트를 펼쳐 보았습니다. 교과서 내용을 필기한 것처럼 보이지 않았습니다. 글씨가 빼곡히 들어찬 노트는 분명 우리가 사용하는 노트와 달라 보였습니다.

"내가 대충 읽어 보니까 무슨 이야기를 만들어 놓은 것 같아. 대체 무슨 말을 하려고 이런 이야기를 지어 냈는지는 모르겠지만 말이야."

"무슨 이야기인데?"

나는 궁금증이 머리끝까지 차올랐습니다.

"그러니까 그 이야기라는 게 옛날이야기 같기도 하고 소설 같기도 하고 그냥 수필 같기도 하고 시 같기도 하고…… 낙서 같기도 하고."

은실이는 곤란한 표정을 지었습니다.

"뭐가 그렇게 복잡하냐?"

"글쎄 나도 잘 모르겠어. 그러니 무슨 뜻인지 모르겠다는 거 아니야."

"네가 대충 읽으니까 그렇지."

수정이가 장난처럼 나무랐습니다.

"그렇다고 남의 이야기 노트를 함부로 막 읽으면 되니?"

그건 그렇겠지요.

"읽을 생각이 없었다면, 왜 바로 돌려주지 않고 우리를 불러 모았냐? 읽을 생각이 있었으니까 몰래 가져와서 우리한테 보여 주는 거 아니야?"

수정이의 말도 일리가 있었습니다.

"일부러 몰래 가져올 생각은 없었어. 요즘 현지가 이상해진데다가 이런 이야기 노트를 보니까 혹시 읽어 보면 현지의 마음을 조금이나마 알 수 있을까 해서 그랬지 뭐."

　은실이가 말했습니다.

"어쨌든 무슨 이야기인지 궁금하다."

"그건 나도 그래."

아이들이 웅성거렸습니다.

"이거 돌려 읽을까?"

수정이의 말에 아이들은 솔깃해졌습니다.

"시간이 오래 걸릴 텐데?"

희영이가 말했습니다.

"현지가 이 노트를 애타게 찾고 있을지도 모르고."

　지연이는 현지가 걱정되는 모양이었습니다.

"맞아, 그래서인지 오늘따라 더 우울해 보였고 눈물까지 뚝뚝 흘
렸어."

　나는 아까 현지의 모습이 떠올라 마음이 아팠습니다. 정말 이 노
트를 잃어버려서 그랬다면 얼른 돌려줘야 한다고 생각했습니다.

"그러니까 읽어 본 바로 네가 추측한 내용이 뭐야?"

　수정이는 은실이를 재촉했습니다.

"그게 좀 복잡해. 그냥 현지가 말하는 것처럼 쓴 게 아니라 이야

기라서. 그야말로 이야기가 있는 내용이라서……."

"대충이라도 좀 말해 봐! 궁금해 죽겠네."

수정이는 자기 가슴을 툭툭 쳤습니다.

"그러니까 주인공인 아이가 첨탑에 갇혀 있는 것부터 시작해."

"야, 그거 슈렉에 나오는 피오나 공주 같다? 괴물에게 잡혀 있는 공주. 왕자가 나타나서 구해 주는 거 아니야? 크크."

수정이가 장난을 쳤습니다.

"야, 왜 남의 이야기는 잘라먹고 그래?"

막 이야기를 시작하던 은실이가 짜증을 냈습니다.

"그래서?"

희영이가 다그쳤습니다.

"어쨌든 높은 첨탑에서 저 아래 마을을 바라보는 장면이 아주 길어. 아마 우리나라가 배경이 아닌 것 같아. 우리나라에는 그런 높은 첨탑이 없잖아? 유럽에 있는 어느 나라가 아닐까?"

"현지가 언제 유럽 갔다 왔냐?"

"꼭 가 봐야 아니? 책을 보거나 영화를 보면 다 아는 거지."

"제발 이야기 좀 끊지 마."

수정이가 집중을 하지 못하고 자꾸 말을 끊었습니다.

"그래, 그래."

아이들이 입을 모아 수정이를 말렸습니다.

"우유를 싣고 가는 수레, 빵을 봉지에 넣어 가는 사람, 그림을 그리는 사람, 야외 카페에 앉아서 차를 마시는 사람, 채소를 파는 사람."

"우리나라는 확실히 아니네. 그런데 왜 그리 서론이 기냐?"

또 참지 못하고 수정이가 말했습니다.

"원래 이 이야기 서론이 길어. 그런 사람들이 아주 많이 풍경처럼 그려지는데, 참 버드나무가 아주 넓은 그늘을 만들어 놓은 곳 아래에는 아이들이 예쁜 조약돌로 공기놀이를 하고 있어……."

"아이, 줄거리를 말해 봐. 네 얘기를 듣느니 차라리 읽겠다."

지연이도 조금은 짜증이 나는 모양이었습니다.

"너무 길게 말했나?"

은실이는 머리를 긁적였습니다.

"첨탑 위의 아이는 그곳에서 첨탑 아래 펼쳐진 풍경을 보며 과거를 회상하게 되는 것이 이야기 중심이야."

"뭐야? 그럼 이야기가 아직도 시작이 안 된 거야?"

수정이가 또 끼어들었습니다.

"그것도 이야기의 일부니까 시작이 안 됐다고는 할 수 없고 본격적인 이야기가 또 펼쳐진다는 거지."

"휴, 참 멀고도 멀다. 그래서?"

나도 한마디 거들었습니다.

"그 아이는 아주 부잣집에다 고위 관직의 딸이었는데 어느 날 산책을 나왔다가 길에서 빵을 주워 먹으며 그림을 그리는 아저씨를 만나게 돼. 그 아저씨의 그림은 너무나 진짜 같아서 주인공은 깜박 속을 뻔했지. 주인공은 그 아저씨를 대단하게 여겼지만, 화가 아저씨는 자신은 본 것 외에는 아무것도 그릴 수가 없다고 하시는 거야. 예를 들면 우리는 공룡을 보지 않아도 그릴 수는 있잖아? 그런데 그 아저씨는 전혀 그릴 수가 없대. 자신이 본 것만 그리는 거야. 그래서 초상화를 그리는 일로 끼니를 때우며 살았대."

"뭐, 그건 너무 흔한 이야기 아니야?"

지연이가 말했습니다. 이야기는 그럴싸했지만 내가 봐도 어디선가 들어봤음직한 내용이었습니다.

"부잣집 딸이 가난한 화가를 만나다!"

수정이가 말했습니다.

"그건 그러네?"

희영이도 거들었습니다.

"아니야, 그 다음 이야기가 흥미로워."

은실이는 조금 더 들어 보라며 이야기를 계속했습니다.

"그 초상화를 그리는 화가는 어느 날 부잣집에 초상화를 그려 주러 들어갔다가 반신불수가 될 정도로 매를 맞고 쫓겨 나게 되는 일을 겪게 돼."

"왜?"

"진짜랑 똑같이 그린다면서 다르게 그렸나?"

점점 이야기가 재미있어지는 것 같았습니다.

"아니, 아주 똑같이 그렸대. 사진이라고 믿을 만큼."

"그런데 왜?"

너무 궁금했습니다.

"단 한 곳만 빼놓고."

아이들은 입을 모아서 '어디?' 하고 물었습니다.

"똑같이 그린 초상화의 입 부분에 도마뱀 혀를 그려 넣은 거야."

"뭐?"

"왜?"

"사람이 도마뱀 혀를 갖고 있을 리가."

아이들은 저마다 한마디씩 했습니다.

"그러게, 그러니 초상화를 그려 달라고 했던 사람이 기겁을 할 수밖에. 사실과 아주 똑같이 그린다고 해서 맡겼는데 난데없이 도마뱀 혀를 그려 넣으니 불쾌한 정도가 아니라 불같이 화가 났겠지."

"당연하지. 나라도 화를 냈겠다. 장난치는 것도 아니고 그게 뭐냐?"

수정이는 마치 자신의 초상화라도 되는 양 흥분했습니다.

"왜 그렇게 그렸느냐고 화가에게 물으니 화가는 아무렇지 않게 보이는 대로 똑같이 그렸을 뿐이라고 했어. 부잣집 사람은 더욱 화가 나서 다시 물었지만 대답은 똑같았지."

"그래서 몰매를 맞은 거구나?"

"그뿐만 아니었어. 그 소문 때문에 여기저기서 초상화를 그려 달라는 사람들이 줄기 시작했지. 그에게 그림을 맡기면, 난데없는 그림이 나오기 시작했으니까. 당나귀 귀를 가진 사람, 두더지 코를 가진 사람, 돈을 주렁주렁 매단 가슴, 탱자나무가 자라는 엉덩이…… 정말 이상하지?"

참 신기하기 짝이 없네요. 사실 그대로 그리는 그림이라며 어떻게 그런 말도 안 되는 그림을 그릴 수가 있지요?

"그런데 그 화가는 끝까지 자기가 그린 그림이 보이는 대로 그린 그림이래?"

지연이가 물었습니다.

"응, 그래서 아무도 그에게 그림을 맡기지 않으니 그 화가는 굶을 수밖에. 남이 버린 빵이나 주워 먹으며 그림을 그리는 거야. 아름다운 풍경을 그대로 그려 사람들의 감탄을 사기도 했지만, 창녀와 바람이 난 고위 공무원의 그림을 그리거나, 몰래 상점의 물건을 훔치는 대지주의 그림을 그리는 등, 사람들의 오해를 살 만한 그림을 그려 아주 미움을 받게 되었지."

"그래서?"

나는 그 다음 이야기가 더욱 궁금해졌습니다.

"그런 소문을 알 리 없는 주인공은 그 화가가 그린 연못의 그림에 흠뻑 취해 화가를 사모하기에 이르러."

은실이의 이야기는 빨리 진행되었습니다.

"어린애가 아저씨를 좋아하는 거야?"

"응, 아버지뻘 되는 사람인데……."

"이야기가 점점 묘해지네?"

"그래서 어떻게 됐어?"

"그런데 어느 날 화가가 그리는 그림을 보게 된 주인공은 깜짝 놀라게 돼."

"무슨 그림이었는데?"

"한 남자가 침대에 누워 있는 여자애의 목에 칼을 들이대고 있는 장면이야."

"어머?"

아이들은 깜짝 놀랐습니다. 무슨 공포 영화 같지 않나요?

"그 남자는 주인공의 아버지였고, 침대에 누워 있던 여자애는 자신이었어."

"어머나!!"

아이들은 한참 동안이나 입을 떡 벌리고 놀랐습니다.

"그 그림을 본 여자애는 화가에게 물었어. 이것이 사실이냐고. 그랬더니 화가는 자신은 자신이 본 것만 그린다고 했어."

"어떻게 그 모습을 보았을까?"

"글쎄, 그 얘기는 없던데?"

"화가는 여자애에게 조심하라고 하면서 믿을 사람은 어머니밖에 없으니 어머니를 의지하라고 했지. 그러나 여자애는 시무룩해졌어. 어머니는 얼마 전 돌아가셨거든. 그러나 그 사실을 차마 화가에게는 말하지 못했어. 그 그림을 그린 이후로도 오랫동안 화가는 여자애 주변을 맴돌고 여자애는 화가를 따라다녔어. 이 사실을 알게 된 여자애 아버지가 화가를 마을에서 쫓아 내기 위해 갖은 수단을 다 써. 그것을 알게 된 여자애는 화가를 만나 자신의 마음을 말하게 돼. 자기는 아직 어린애지만 사랑을 안다고. 화가 아저씨를 사랑한다고. 아저씨의 그림이 사실이라면 자신을 데려가 달라고 말이지."

나는 그 소녀의 마음이 이해되었습니다. 엄마도 돌아가시고 안 계시는데 아버지가 자신을 죽이려고 한다는 사실을 안다면 얼마나 무섭겠어요. 게다가 소녀는 화가 아저씨를 사랑하고 있으니 따라나서려는 마음이 이해가 되었지요.

"그 말을 들은 화가는 아무 대답도 하지 않고 긴 한숨만 내쉬었어. 그리고 다시 한 번 어머니를 믿고 의지하라는 말만 남기게 돼."

"그럼 화가는 마을을 떠난 거야?"

지연이가 은실이 곁에 바짝 다가섰습니다.

"응, 마을을 떠나며 언덕 위에서 주인공이 사는 집을 바라보며 혼잣말을 하지. '사랑하는 내 딸아, 정말 예쁘게 컸구나' 하고."

"어머머, 어머머!"

아이들은 아주 소리를 꽥 지르며 놀랐습니다. 한참 동안 마음을 안정시킬 수 없을 정도로 머리가 쭈뼛 서면서 놀라기는 나도 마찬가지였습니다.

"그럼 그 화가가 주인공의 진짜 아버지고 칼을 들이댔다던 아버지는 새아버지인가?"

"이야기 전개상 그런 것 같지?"

"그래서?"

"언덕을 내려가며 화가는 더는 보이는 것을 그리지 않겠다며 자신의 눈을 칼로 찔러. 그리고 사라지지."

은실이는 마치 영화에서 웅장한 결말을 보듯 눈을 지그시 감으며 말했습니다.

"으악! 끔찍해."

"정말!"

아이들이 저마다 소리를 쳤습니다.

"음, 근데 그건 어디서 좀 들어본 이야기 같은데?"

그런데 수정이는 의심의 눈초리를 하며 말했습니다.

"어디서?"

"왜 있잖아? 오이디푸스 왕에서 보면 두 눈을 찌르는 장면 같은 거. 그리고 이야기도 어디선가 많이 들어본 것들이 짬뽕된 것 같아."

"그러고 보니……."

수정이의 말에 희영이도 의심이 되는지 고개를 끄덕였습니다.

"그렇지만 똑같은 이야기를 들어본 적은 없는데?"

지연이가 말했습니다.

"현지가 어디서 베껴 놓은 소설 아니야?"

수정이가 말했습니다.

"그건 아닌 것 같은데……."

지연이는 고개를 저었습니다.

"야, 너희는 아리스토텔레스의 '모방은 창조의 어머니다' 라는 말도 모르냐? 모든 창조는 모방으로부터 시작되는 거니까 그럴 수도 있지 뭐."

나는 왠지 현지의 이야기를 옹호해 주고 싶었습니다.

"너 현지랑 짝꿍 하면서 점점 아는 체가 는다? 뭐? 모방은 창조의 어머니?"

수정이가 내 말을 잘랐습니다.

"아는 체가 아니라 그건 상식이라고. 창작으로서의 모방은 가치 있는 거라는 말도 못 들어 봤어? 인간의 행동도 모방으로부터 새로운 것이 창조되는 거잖아. 우리들의 비슷비슷한 생각과 행동도 누군가로부터 모방해서 각자의 모습으로 창조되는 거고. 이런 이야기의 줄거리는 글의 뼈대가 되는 거야. 우리는 글을 해석하고 이러한 보편적인 글들은 우리 모두가 가지고 있는 시간과 밀접한 관계를 가진단다. 그래서 해석학은 개인의 주관만이 담긴 학문이 아니라 모두에게 해당하는 보편적인 학문일 수 있다는 거지. 리쾨르가 아리스토텔레스의 영향을 받기도 했대. 그래서 '행동의 모방은 줄거리다' 라는 유명한 말도 남겼다고 들었어."

웬일인지 입에서 말이 술술 나와 나도 깜짝 놀랐습니다.

"그건 맞아. 우리가 연예인들의 머리스타일이나 옷 입는 것을 모방하면서 우리에게 어울리는 모양을 찾아가는 것도 같은 거잖아?"

은실이가 거들자 아이들이 수긍했습니다.

"그래, 그래."

"그건 그렇고 그 이야기의 끝은 어떻게 돼?"

지연이가 물었습니다. 참, 그렇지요? 아직 이야기가 끝난 것이 아니잖아요.

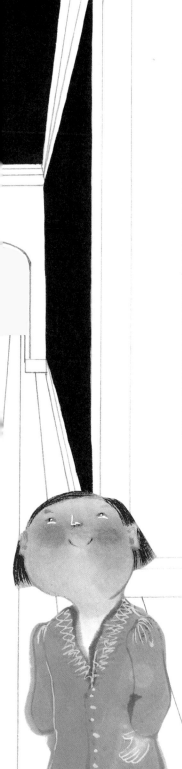

김정진

의자는 한 사람만의 사적인 공간이며 고립 된 공간이다.
그리고 한 방향으로 시선을 고정 시키는
훈련의 도구이기도 하다.
어쩌면 의자들의 긴 배열은 가끔 가슴속에 서늘해지는
'진정한 이해 없음' 을 위한 훈련이었을지 모르겠다.

이 작가처럼 나의
의자를 창조하고 싶어

"갑자기 떠나 버린 화가 아저씨를 그리워하며 주인공은 날마다 울며 지내. 의지할 어머니도 없는데다 아버지가 자신을 죽이려고 한다는 사실을 알게 됐으니 불안할 수밖에. 아버지는 점점 주인공에게 무섭게 대하게 되자 주인공은 어느 날 화가가 그린 그림에 대해 말을 하게 되지. 아버지가 나를 죽이려 하는 것이 사실이에요? 하고 말이야."

"어머, 그런 말을 듣게 된 아버지는 얼마나 놀랐을까?"

희영이가 말하자 대뜸 수정이가 흥분해서 말했습니다.

"야, 놀란 게 문제야. 어차피 가짜 아버지인데!"

"맞아, 그렇다고 했지?"

희영이는 혀를 쏙 내밀었습니다.

"그 가짜 아버지는 사실을 알게 된 주인공을 가만히 둘 수 없었어. 그렇다고 칼을 들이댈 수도 없었고. 가짜 아버지는 여자애를 죽이려고 정말 칼을 들이대긴 했었지만 진짜로 죽일 수는 없었지. 고위 관직에 있던 가짜 아버지는 임신한 사실을 알면서도 주인공 여자애의 엄마와 결혼할 수밖에 없었는데 그건 바로 집안의 명예 때문이었어. 왜 있잖니. 옛날에는 뭐 귀족이니 뭐니 그런 게 있어서 좋은 집안끼리 결혼하고 그러는 거. 아마 그런 거 같아. 그런데 아내가 병으로 죽자 남은 딸이 미워졌겠지. 자신의 친딸도 아니니 차라리 없는 게 나을 것이라고 생각하지 않았겠어? 그렇다고 아내가 죽었는데 딸까지 죽었다고 한다면 사람들이 자신이 그런 짓을 저질렀다고 생각할 거 아니겠어? 그러니 여자애를 죽일 수 없었지. 그러나 사실을 알게 된 이상 여자애를 그대로 둘 수 없다고 생각한 가짜 아버지는 높은 첨탑을 만들어 그 꼭대기 방에 여자애를 가둬 뒀던 거야."

"음, 그렇게 된 거구나."

"대충 이야기가 이해된다."

아이들이 고개를 끄덕이며 이야기의 전말을 이해하는 것 같았습니다.

"여자애는 첨탑 꼭대기에서 마을을 내려다보며 하루하루를 보내게 되는데 화가의 말이 떠오르는 거야. 자신은 사실적으로 본 것만 그린다고 했던 것. 그러나 사실을 그렸다는 그림이 정말 믿기지 않는 것뿐이었잖아? 무엇이 거짓말일까 하고 주인공은 오랫동안 생각했어. 화가가 사실대로 그림을 그리지 않은 걸까, 세상의 사실이 거짓으로 꾸며진 걸까? 하고 말이야."

"글쎄…… 정말 사실이 뭘까?"

나는 생각에 잠겼습니다.

"처음에 주인공이 첨탑에서 마을 풍경을 그렇게 자세하게 묘사한 것도 사실에 대한 진실을 말하고 싶어서가 아닐까?"

나는 어쩌면 첫 장면이 어떤 의미를 숨기고 있다고 생각했습니다.

"그런 것 같다."

수정이가 말했습니다.

"이 이야기의 마지막 대사가 아주 의미심장해."

은실이의 목소리가 더욱 의미심장해졌습니다.

"뭔데?"

아이들은 머리를 모았습니다.

"지금 내가 보고 있는 풍경은 사실일까?"

은실이의 말에 아이들이 뒤로 물러서며 소리를 질렀습니다.

"으악! 소름 끼친다."

"정말!"

아이들은 한동안 충격에서 벗어나지 못해 한참이나 말을 잇지 못했습니다.

"우아, 대단해. 그런 생각을 다 하다니."

"그런 글을 쓴 현지가 더 대단한 거 아니야?"

"그러게…… 어쩜 현지는 그런 이야기를 다 지어 낼 생각을 했지? 나라면 상상도 못했을 이야기인데……."

"이거 정말 현지가 지어 낸 이야기라면 진짜 대단한 거다, 그치?"

아이들이 저마다 한마디씩 했습니다.

"현지 노트 맞다니까!"

은실이가 딱 잘라 말했습니다.

"그런데……."

나는 한참 동안 뜸을 들였습니다.

"뭐가?"

"현지는 왜 이런 글을 썼을까?"

"……."

"뭔가 비유적으로 자신의 마음을 이야기하고 싶었던 게 아닐까?"

나는 혼잣말로 계속 중얼거렸습니다.

"그러게, 요즘 이상해진 현지를 봐서는 분명 자신의 이야기를 대신하려고 한 것 같긴 해."

희영이가 말했습니다.

"맞아, 혹시 현지네 아버지가 새아버지 아니야?"

수정이의 말에 아이들이 '에이' 하면서 핀잔을 주었습니다.

"혹시 현지를 죽이려고 한다고? 말도 안 돼! 요즘 세상에 그런 일이 있겠냐? 이야기니까 가능하지."

은실이는 말도 안 된다며 손을 내저었습니다.

"누가 그렇대? 이를테면, 현지네 집에 무슨 일이 생겼는데 가인이 말대로 그걸 비유적으로 표현한 건지도 모른다는 거지."

수정이가 뽀로통해졌습니다.

"난 아무래도……."

은실이가 뭔가 심각하게 생각을 하는 모양인 것 같았습니다.

"현지가…… 사춘기인 거 같아."

은실이의 말에 수정이가 버럭 소리를 질렀습니다.

"사춘기는 현지만 겪는 거야? 나도, 그리고 너희 모두 사춘기를 겪는 중이잖아."

"그건 또 그러네?"

"지금 우리 나이에 사춘기를 겪지 않는 아이는 없을걸. 한심한 남자애들만 빼고 말이야."

"혹시 화가를 좋아하는 것처럼 현지도 좋아해서는 안 될 누군가를 좋아하게 된 건 아닐까?"

교회 오빠를 좋아한다는 수정이가 말했습니다.

"너처럼 말이야?"

은실이가 크크크 웃었습니다. 수정이가 은실이를 꼬집자 은실이가 웃음을 멈추었습니다.

"아니야, 현지가 우울해하는 걸 보면 그건 아닌 것 같아. 누군가를 좋아한다는 건 기분 좋은 일인데 현지는 우울해하는 것 같지 않니? 혹시 나처럼 생리가 시작된 건 아닐까? 너희는 아직 생리를 하지 않아서 이런 기분 모를 거야. 생리를 한다는 건 그냥 단순히 어른이 된다는 것하곤 달라. 내가 아닌 것 같고, 세상의 힘든 일을 내가 다 짊어진 것 같고, 어쨌든 너무 우울해."

희영이가 우울한 표정을 지으며 말했습니다.

"그것도 아닌 것 같아. 지난번에 내가 초경을 했을 때 현지가 언니답게 말해 준 걸 생각해 보면 생리를 한다고 현지가 그렇게 우울해할 까닭은 없어. 다른 무슨 일이 있는 것 같아."

지연이의 말에 아이들이 고개를 끄덕였습니다. 초경을 하는 친구에게 '축하해!'라고 말해 준 친구는 현지밖에 없었으니까요.

"그냥…… 뭔지 알 수 없는 자신의 마음을 표현한 것이 아닐까? 그냥…… 그러니까 아주 힘든 일을 겪는 아이의 이야기를 통해 위로받고 싶은 거…… 나도 때론 우울해져 누구에게든 위로받고 싶을 때가 있거든."

내가 조심스럽게 말했습니다.

"음, 이해는 간다. 나도 우울하기로 따지면 한 우울 하거든. 그래, 뭔지 모르지만 누군가에게 알 수 없는 내 마음을 위로받고 싶을 때가 있지."

은실이는 정말로 우울해지는지 목소리마저 작아졌습니다. 아이들은 저마다 자신이 겪은 일에 빗대어 현지의 이야기 노트를 추측했습니다.

"그렇지는 않을 거야. 만약 그렇다면 이런 글조차 만들기 어렵지 않았을까? 뭔가 말하고 싶은 것이 있는 거겠지."

수정이가 다시 처음으로 돌아가 말했습니다.

"그러니까 그게 궁금하다는 얘기 아니겠어? 도대체 이 이야기가 뭘 뜻하는 건지 말이야."

은실이는 답답하다는 듯 한숨을 내쉬었습니다.

"무엇보다 중요하건……."

나는 천천히 말했습니다.

"뭔데?"

"지금 현지가 이 노트를 잃어버려서 슬퍼하고 있다는 거야. 자신의 소중한 마음을 담은 노트가 없어졌으니 현지는 지금 무척 괴로울 것 같아. 아까 현지가 눈물까지 흘리는 걸 봤다고."

나의 말에 아이들이 미안해하는 것 같았습니다.

"돌려주자!"

지연이가 갑자기 큰 소리로 말하는 바람에 모두들 깜짝 놀랐습니다.

"그래, 돌려줘야지."

희영이가 맞장구를 쳤습니다.

"그런데…… 이걸 내가 우연히 화장실에서 발견하긴 했지만 바로 돌려주지 못했으니, 혹시 현지가 내가 자기의 이야기 노트를 훔쳐봤다고 생각하면 어쩌지? 처음부터 이걸 돌려주지 않을 생각을 한 건 아니야. 그냥…… 노트를 우연히 발견하고 읽어 봤는데 너무 이야기가 의미심장하고 또…… 현지가 우울해 하니까 이걸 보면 무슨 일인지 알 수 있을 것만 같아서…… 또 너희에게 말해서 의논하고 싶었고……."

은실이는 저도 모르게 죄책감이 드는지 자꾸 말을 흐렸습니다.

"노트를 돌려주지 않은 것이 네 잘못이라는 건 아니야. 어쨌든 돌려줘야 한다는 얘기지. 너무 걱정하지 마."

그래도 단짝 친구인 수정이가 은실이를 위로해 주었습니다.

"그래, 노트를 현지에게 돌려주는 것이 중요하지 네가 발견해서 보았다는 게 중요한 건 아닌 것 같아."

나도 은실이를 위로해 주었습니다.

"그럼, 어떻게 이걸 현지에게 돌려주지?"

여전히 은실이는 자신이 현지의 노트를 발견한 것이 마음에 걸린 모양이었습니다.

"이거 말이야…… 될 수 있으면 빨리 돌려줘야 할 것 같은데……."

희영이는 현지를 걱정하는 것 같았습니다.

"그래, 얼른 돌려주자. 가인이가 현지 짝꿍이니까 가인이가 돌려주는 건 어때? 은실이가 우연히 화장실에서 발견했다면서 사실대로 말하고 돌려주는 게 나을 것 같아."

지연이가 의견을 내놓았습니다.

"……."

나는 자신이 없었습니다. 요즘 현지의 상황으로 봐서는 말을 걸기가 힘들 것 같아 보였기 때문입니다. 그런데 나보고 노트를 돌려주라니요? 곤란한 일을 시키는 아이들이 얄미웠지만 나는 아무 대꾸도 하지 못했습니다.

"그래, 그게 좋겠다. 가인아, 네가 현지의 눈치를 살펴서 잘 좀 전해줘."

은실이는 나에게 떠맡기려는 듯 다그쳤습니다.

"그래, 가인이가 하는 게 좋겠어."

수정이도 거들었습니다.

"내……가?"

"응!"

아이들이 입을 모아 동시에 말했습니다. 나는 어쩔 수 없이 현지의 노트를 받아들었습니다. 그러나 여전히 현지에게 노트를 전해주는 일이 내키지는 않았습니다. 며칠 동안 현지에게 말조차 건네지 못했는데 이걸 돌려주라니요. 혹시 나에게 화를 내지는 않을까, 더욱더 우울해하지는 않을까, 영영 나에게 말을 걸지 않으면 어쩔까 두려웠습니다. 그렇다고 싫다고 할 수도 없었습니다. 아이들이 모두 나에게 떠맡기는 상황이었으니까요.

"그……래."

나는 어쩔 수 없이 현지의 노트를 받아들었습니다. 현지의 노트가 돌덩이처럼 매우 무겁게 느껴졌습니다.

은유와 서술

　최근 꽤 많은 철학자들이 현대를 허무주의 시대라고 비판합니다. 특히 인간이 인간성을 상실하고 기계화하는 현상을 보면서 삶의 의미와 가치가 상실되어가는 현상을 가리켜서 허무주의라고 말합니다.

　우리는 인간의 발자취를 문화와 문명으로 나누어 볼 수 있어요. 문화는 인간의 정신적 발자취임에 비해서 문명은 인간의 물질적 발자취지요. 현대에 접어들수록 문화보다 문명이 인간의 삶을 절대적으로 지배하는 것이 사실입니다. 아주 간단한 질문 두 가지를 던져 보기로 합시다.

　"당신은 괴테의 《파우스트》를 읽겠습니까, 아니면 컴퓨터 게임을 하겠습니까?"

　"당신은 애인에게 직접 가서 당신의 어려운 사정을 고백하겠습니까, 아니면 편하게 문자 메시지를 보내겠습니까?"

　대부분의 사람들이 이 두 가지 물음들에 대해 어떤 답변을 할지 논하는 것은 무의미합니다. 답은 뻔할 것이기 때문이지요. 문명은 물질적, 기계적인 특징을 가지고 있고 인간의 생존에 반드시 필요합니다. 그렇지만 문명은 인간다움에 필요하기는 해도 충분하지는 못합니다. 문화는 상상적이며 창조적입니다. 따라서 인간다움을 충분하게 하는 것은 바로 문화라고 할 수 있습니다. 문화의 핵심은 바로 창조와 상상에 있으며, 상징과 은유는 창조와 상상을 가능하게 하는 중요한 요소들입니다.

우리는 언어를 상상을 통해 재구성합니다. 우리들이 일기를 쓰거나 아니면 시나 소설을 쓸 때 상상력이 없다면 단지 무미건조한 글만 쓰게 될 것입니다. 리쾨르는 은유와 서술이야말로 언어의 창조성을 대변한다고 말합니다. 인간을 인간답게 하는 생산적 상상은 바로 은유와 서술의 상호 관계와 종합을 통해 표현됩니다.

은유란 직접 비유하는 직유와 달리 사물의 본뜻을 숨기고 암시적으로 비유하는 방법입니다. 예컨대 '내 귀는 하나의 소라 껍데기' '뱀은 악마다' '저기에서 땅콩이 골프를 치고 있다' 등은 모두 은유적 표현입니다.

우리가 은유를 사용해서 서술할 때 인간의 창조적 힘이 발휘됩니다. 왜냐하면 '내 귀는 하나의 소라 껍데기'에서 알 수 있는 것처럼 은유를 이해하고 해석하기 위해서는 단어만 보아서는 안 되고 문장 전체

를 옳게 파악해야 하기 때문입니다.

상징과 은유에 의한 서술은 줄거리(플롯)를 가지는데 이 줄거리는 인간 행동과 역사의 모방이기도 합니다. 왜냐하면 서술은 공상이 아니고 어디까지나 인간의 삶에 관한 창조적 모방이기 때문입니다.

서술에는 허구적 서술(소설)과 역사적 서술(역사책)이 구분될 수 있지만 두 가지 모두 인간의 삶을 창조적으로 표현하고 있습니다. 상징과 은유는 서술을 무미건조한 표현으로부터 벗어나게 하고 창조적으로 만듭니다.

4

은유로써 서술한다

 '상징은 인간의 창조물이며 그것은 상상에 의한 창조물이다.'

—폴 리쾨르

1 상상의 창조물

집으로 돌아와 나는 현지의 노트를 다시 읽어 보았습니다. 은실이에게 이야기 노트에 대해 들었을 때는 그냥 아주 재밌게 잘 만든 이야기로만 생각했는데 직접 읽어 보고 나자 많은 생각들이 떠올랐습니다.

할머니가 말씀하신 대로, 아니 리쾨르가 말한 대로, 텍스트를 해석하는 것에 대한 의미를 생각하게 되었습니다. 현지의 이야기 노트에 나타난 여러 가지 은유와 비유, 상징들은 마치 풀기 어려운

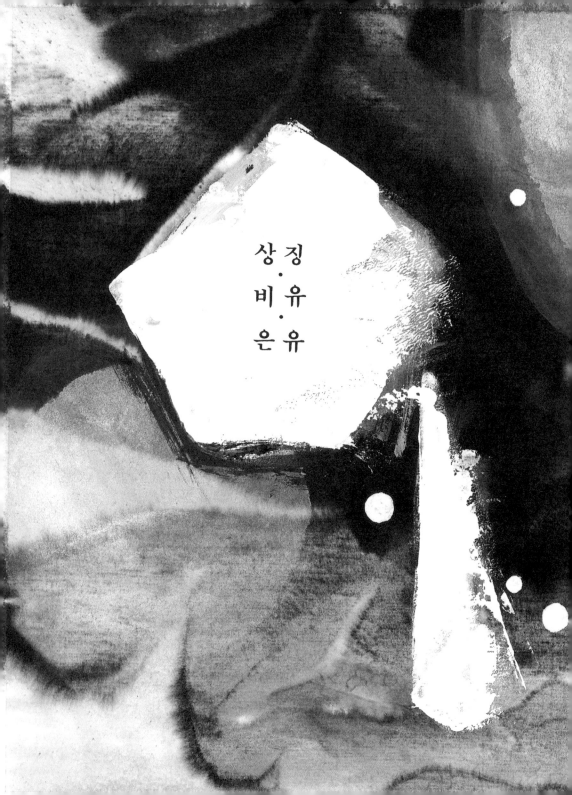

상징·비유·은유

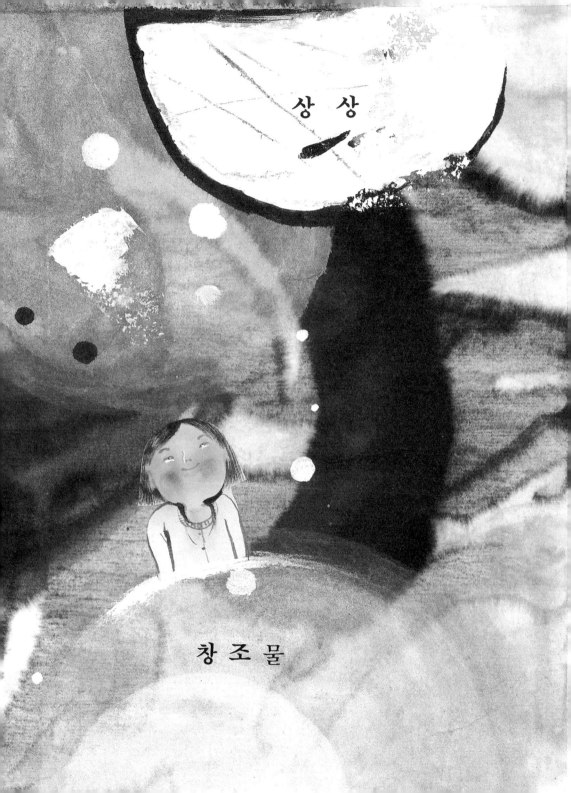

암호처럼 해석하기 어려웠습니다. 그때 불현듯 '아!' 하는 깨달음.

글로 쓰여진 담론을 텍스트라고 한다면, 또 신화나 문학 작품을 텍스트라고 한다면, 현지의 이야기 노트도 텍스트일 것입니다. 그래서 나는 얼른 다시 리쾨르에 대한 자료를 찾아보았습니다. 그리고 상징과 은유 그리고 비유의 의미에 대해 이해하게 되었습니다.

상징은 추상적인 것을 구체적으로 표현하는 일입니다. 그러니 이 상징을 해석하는 것은 의미가 있는 것이지요. 그래서 리쾨르는 '상징은 인간의 창조물이며 그것은 상상에 의한 창조물이라고 할 수 있다'고 말했습니다. 그래서 상징을 해석한다는 것은 인간이 무엇을 어떻게 상상에 의해 창조하는지를 밝히려는 시도라고요. 그러니 현지의 이야기 노트도 상상에 의해 창조된 이야기이니 무언가 의미를 담고 있다는 것은 분명한 일일 테지요. 이러한 상징에서 해석과 이해 그리고 창조와 상상이 상호 관계를 가지면서 서로의 갈등을 극복하고 종합함으로써 전개된다는 것을 알고 나니 리쾨르의 해석학이 텍스트에 대한 해석이면서 동시에 우리의 문화, 그리고 삶 자체에 대한 해석학이라는 생각이 들었습니다.

은유나 비유도 마찬가지입니다. 그것도 상상과 창조의 산물이므로 은유나 비유를 해석함으로써 우리는 참다운 삶의 의미를 파악할 수 있다고 본 것이지요.

그러나 문제는 여전히 풀리지 않았습니다. 상징과 비유투성이인 텍스트를 해석하는 일이 삶의 의미를 파악하는데 있어 중요한 것이란 것까지는 머릿속으로 정리가 되었으나, 정작 해석을 하기는 영 쉽지 않았습니다. 그러니 암호니 뭐니 하는 말을 하겠지만요. 현지의 이야기를 해석하는 데는 좀 더 많은 시간이 필요할 것 같았습니다. 아니, 그것도 문제가 아닙니다. 당장 이 노트를 어떻게 전해줄 것인지가 더 문제입니다. 하필 나에게 맡기는 바람에…… 나는 아이들이 원망스러웠지만, 다시 한 번 현지의 이야기 노트를 읽게 되고 또 상징과 비유에 대해 스스로 알게 되었으니 억울한 일만은 아닌 것 같았습니다. 나는 일단 현지에게 솔직하게 다가가야 한다고 생각했습니다. 현지의 이야기 노트를 읽었다는 사실, 그래서 뭔가 현지가 표현하고 싶어 했던 그 의미를 알고 싶고 함께 고민하고 싶다고 말해야겠지요.

나는 현지의 노트에 메모를 남겼습니다. 아무래도 말보다 글이 진실하게 다가가지 않겠어요?

상징의 담론은 우리로 하여금 생각하게 한다.

현지의 글은 많은 것을 생각하게 했어. 정말 대단한 솜씨야. 그렇지만 그 안에 감추어진 너의 마음을 알기에 나는 너무 부족해. 현지야, 함께 생각하고 느끼고 싶어.

살짝 리쾨르의 글을 인용해서 썼지만 말이에요.

2 상징과 은유

현지는 책상 위에 엎드려 있었습니다. 그러다가 뭔가 생각난 듯 가방을 뒤적이고 책상 서랍 안을 뒤졌습니다. 나는 아마도 이야기 노트를 찾고 있을 것이라고 생각했습니다.

"현지야……."

나는 조용히 현지를 불렀습니다. 작은 목소리였는데 현지는 불에 데인 듯 깜짝 놀라며 나를 바라보았습니다.

"안……안녕?"

나는 그만 멍청하게 손을 흔들며 인사를 했습니다. 그 모습이 우스웠던지 현지가 피식, 웃었습니다. 내가 좀 바보 같아 보이긴 했지만, 그동안 우울했던 현지의 얼굴에 미소가 번지니 기분이 좋아졌습니다.

"혹시 이걸 찾고 있었니?"

나는 그 틈을 타 슬그머니 현지의 이야기 노트를 건네주었습니다. 그리곤 눈을 질끈 감았지요. 현지가 울어 버리거나 불같이 화를 낼 것만 같았거든요. 슬그머니 눈을 뜨고 현지의 표정을 살펴보았습니다. 그러나 뜻밖에도 현지는 환하게 웃고 있었습니다.

"난 잃어버린 줄만 알았어."

현지가 안도의 한숨을 내쉬며 말했습니다.

"미……미안해. 화장실에서 발견했는데 바로 돌려주지 못했어."

내 목소리는 점점 기어 들어갔습니다.

"아니야, 잃어버린 건 내 실수고 이렇게 찾았잖아. 그것보다 난 영영 이걸 못 찾는 줄 알았거든."

현지는 진심으로 이야기 노트를 찾은 것을 기뻐했습니다. 나도 덩달아 기뻤습니다. 내가 현지에게 노트를 건네준 후 현지의 표정이 밝아지자 어느새 아이들이 우리 곁으로 몰려왔습니다. 현지는 어리둥절해하다 곧 미소를 지었습니다.

"너희도 모두 내 이야기 노트를 봤겠구나?"

은실이는 움찔했습니다.

"어쩌다 보니……."

"괜찮아, 꽤 많은 독자를 확보한 것 같으니 마치 내가 작가처럼 느껴지는데."

누군가가 휴, 하고 한숨을 내쉬었습니다.

"그런데 현지야, 그동안 무슨 일이 있었기에 그렇게 우울해 보였니? 노트를 잃어버려서 그랬던 거야?"

지연이가 말문을 텄습니다.

"말하자면 복잡해."

갑자기 현지의 얼굴에 그림자가 비쳤습니다.

"근데…… 왜 그런 이야기를 만든 거야? 혹시 네 이야기니?"

"아님, 너 좋아하는 사람 생긴 거야?"

"혹시 너도 초경이 시작됐니?"

아이들은 너 나 할 것 없이 질문을 쏟아 냈습니다. 자기들이 추측한 대로, 자기들이 고민하는 대로 말이지요.

"얘들아, 정말 정신없다."

어이가 없다는 듯 현지가 웃었습니다.

"그러니까 대체 무슨 일이 있었던 거야?"

"무슨 뜻으로 그런 이야기를 지었냐니까?"

여전히 아이들은 웅성거리며 물었습니다.

"책은 쓰는 행동과 읽는 행동을 두 편으로 갈라 놓는다. 이들 두 가지 사이에는 아무런 의사소통도 없다. 독자는 글 쓰는 행동을 결여하고 있으며, 저자는 읽는 행동을 결여하고 있다!"

현지가 큰소리로 책을 읽듯 말했습니다.

"엥? 그건 또 무슨 말이야?"

은실이가 어리둥절해 했습니다.

"네가 우리보다 아는 것이 많은 건 알고 있지만, 이거 너무 무시

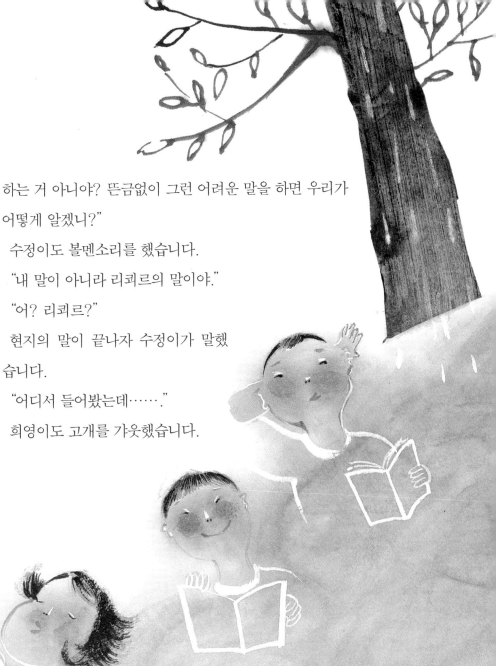

하는 거 아니야? 뜬금없이 그런 어려운 말을 하면 우리가
어떻게 알겠니?"

　수정이도 볼멘소리를 했습니다.

　"내 말이 아니라 리쾨르의 말이야."

　"어? 리쾨르?"

　현지의 말이 끝나자 수정이가 말했
습니다.

　"어디서 들어봤는데……."

　희영이도 고개를 갸웃했습니다.

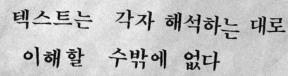

텍스트는　각자 해석하는 대로
이해할　수밖에　없다

"가인이네 할머니가 말씀해 주셨잖아."

지연이가 웃으며 말했습니다. 나는 리쾨르를 떠올리며 고개를 끄덕였습니다.

"어쩨 리쾨르가 자주 등장하네. 대단한 사람인가 봐."

수정이가 장난스럽게 한마디 했습니다.

"근데 그게 무슨 말이야?"

"글은 읽는 모든 사람을 대상으로 삼고 있으니 그 의미는 쓴 사람과 읽는 사람이 일치하지 않을 수 있다는 얘기지. 그러니까 내 이야기를 다 같이 읽었다 하더라도 너희들 각자가 해석하는 방식대로 이해할 수밖에 없다는 말이야. 또 그것이 당연한 거고. 그 이야기에 대해 내가 굳이 해석할 필요가 있겠니? 너희가 이해하는 거지."

현지가 또박또박 말했습니다. 역시 현지였습니다. 그래야 현지답지요. 그동안 뚱하니 말도 안 하고 우울해하던 아이는 현지가 아니지요.

"야, 누가 그걸 모를까 봐? 그냥 우린 친구로서 네가 고민하는 것이 무엇인지 그게 알고 싶다는 거지. 우리가 지금 아주 복잡한 사춘기들 아니냐? 고민하는 사춘기들끼리 서로 도와야 하는 거 아니야?"

　수정이의 말에 모두들 까르르 웃었습니다. 고민하는 사춘기라…… 그럴싸한데요?

"그동안 내 마음은 첨탑이었어."

현지의 말에 아이들은 어리둥절했습니다.

"뭐라고? 첨탑?"

"그래, 높이 솟은 첨탑은 위태롭고 외로운 것을 상징하지. 내 마음이 꼭 그랬다고."

"그건 우리도 마찬가지인 것 같아."

분명히 뭔지는 모르겠지만 우울하고 외로웠던 내 심정을 말했습니다.

"그 안에 갇힌다는 느낌 그 느낌으로 이야기를 시작했던 거야. 그렇게 하다 보니 여러 가지 이야기가 떠올랐고, 어떤 사실을 드러나지 않게 표현하려고 은유를 사용했던 거야. 이야기 곳곳에 나오는 것처럼 말이야."

"히야, 그렇다면 넌 정말 대단한 작가적 소질이 있는 애다."

"그렇게 봐 주니 고마워. 너희 몰랐지? 내 꿈이 작가인 거."

"그래?"

"멋있다! 넌 꼭 작가가 될 것 같아."

"……."

현지는 한참 동안 말이 없었습니다. 우리는 또 현지의 눈치를 살필 수밖에 없었습니다.

"정말 작가가 되고 싶은 사람은 우리 엄마였어."

우리는 숨을 죽인 채 현지의 말을 기다렸습니다. 뭔가 현지의 고민을 들을 수 있을 것 같았기 때문이지요.

"우리 엄마는 대학 시절 문학을 공부하셨어. 그러면서 한 남자를 만나 사랑을 하게 되었지. 물론 그 남자 역시 문학 공부를 하는 사람이었고. 두 사람은 서로 사랑하는 만큼 문학을 사랑했대. 그래서 문학의 힘으로 자신들의 사랑이 지켜지는 거라고 생각하게 된 거야. 두 사람은 오랫동안 편지를 주고받았어. 은유와 상징으로 꾸며진 편지들 말이야. 그렇게 오랫동안 편지를 주고받으며 사랑을 나누었지만, 문학에 대한 열정이 곧 두 사람의 사랑은 아니었나 봐. 결국, 그 남자는 떠나게 됐고 엄마는 지금 우리 아빠를 만나 문학 같은 것하고는 먼 생활을 하고 있지. 그렇지만, 엄마는 여전히 문학에 대한 막연한 그리움을 가지고 있어. 그래서였을까? 엄마는 그 남자와 주고받았던 편지를 버리지 못했대. 그 남자가 그리운 것이 아니라 문학이 그리워서 말이야. 엄마는 누구보다 아빠를 사랑하고 우리 가족을 사랑하시지만 문학에 대한 사랑과는 달랐는지 엄마를 만족시킬 수 없었나 봐. 그래서 그 편지를 버리지 못했던 거야. 나는 충분히 이해해."

현지는 엄마의 마음이 고스란히 느껴지는지 눈물을 글썽거리기까지 했습니다.

"잘 모르겠지만 나도 이해가 돼. 사랑이 꼭 사람끼리의 사랑일 수는 없으니까."

무척 사랑했던 강아지를 교통사고로 잃고 오랫동안 슬퍼했던 희영이가 말했습니다.

"그런데 그게 화근이었어. 아빠가 그 편지를 보게 되신 거지. 왜 결혼을 하고도 그 남자와 주고받은 편지를 버리지 못하느냐고. 혹시 아직도 만나는 관계가 아니냐며 억지를 부리셨어. 그렇지 않다는 걸 알면서도 말이지. 한번 내뱉은 말은 서로에게 상처를 준다는 사실을 아빠는 모르셨을까? 엄마는 자신이 버리지 않은 것은 그 남자의 편지가 아니라 자신이 사랑했던 문학이라고 말했지만 아빠는 그걸 이해 못하셨어. 은유와 상징으로 쓰여진 편지는 엄마에게 문학 작품이었을 뿐이지 그 남자의 편지는 아니었거든. 그렇지만 아빠는 사랑하는 사람과 주고받았던 편지였다는 사실만으로 몹시 불쾌해 하셨어. 그래서 잦은 싸움이 벌어졌지. 엄마가 한 치의 양보도 없이 그 편지를 끌어안았기 때문에 아빠는 더욱 화가 나셨어. 날마다 살얼음판을 걷는 것 같은 기분이었어. 결국 이혼 이야기까지 나오고……."

마침내 현지가 울먹거렸습니다.

"어머……."

뭐라고 위로할 말이 없었습니다.

"정말 나는 우리 엄마 아빠가 이혼을 하시게 될까 봐 걱정스러웠어. 나는 쥐 죽은 듯이 내 방에 틀어박혀 날마다 엄마 아빠가 싸우는 소리를 들어야만 했어. 그때 내가 한 일이 바로 이야기를 쓰는 거였어. 싸움 소리를 듣는 대신 이야기를 쓰면서 몹시 나쁜 상황의 일이 벌어지지 않기를 바랐지. 그래서 그렇게 상상의 힘으로 이런 이야기를 만들게 된 거야."

"그래서? 너희 부모님은 어떻게 되셨니?"

지연이가 조심스럽게 물었습니다.

"원상 복귀. 제자리로 돌아오게 됐어."

아까까지만 해도 울상이었던 현지는 아무렇지 않게 말했습니다.

나는 참 다행이라고 생각했습니다.

"그런데 그…… 편지는?"

희영이가 물었습니다.

"편지? 그건 버리셨지. 엄마가 그 편지들을 재활용통에 버릴 때 나는 아까워 죽는 줄 알았어. 얼핏 보아도 그건 모두 시처럼 보였거든. 아름다운 표현들이 많았고 생각하게 하는 문구들로 가득했어. 내가 처음으로 쓴 이야기 노트를 잃어버렸을 때 하늘이 무너지는 것 같았는데 엄마는 그것을 버릴 때 얼마나 마음이 아프셨을까, 하고 생각하니 눈물이 다 났어. 그런데 엄마는 그것을 버리고 돌아오셔서는 아무렇지도 않게 저녁을 준비하시는 거야. 나는 엄마에게 왜 편지를 버렸냐고 물었어. 엄마는 문학의 그리움은 그 편지에 있지만 문학에 대한 열정은 엄마의 마음속에 있다고 하셨어. 그래서 그걸 버려야 새로운 문학이 또 만들어질 수 있다고."

현지는 자랑스럽게 말했습니다.

"우아! 너희 엄마 정말 멋지시다."

지연이가 엄지손가락을 들어 보였습니다.

"그래서 아빠가 먼저 엄마에게 화해를 신청했지. 아빠도 엄마가 문학에 대해 갖는 애정을 몰라서 그렇게 화를 내신 건 아닌 것 같

텍스트 ……삶의 의미를 은유로
표현하는 것

아. 아빠도 엄마의 마음을 충분히 이
해하지만 그냥 그 편지가 싫었던 거야.
아빠가 볼 때는 그 편지가 문학도 열정도 아니었거든. 그냥 엄마를
사랑했던 옛날 남자가 쓴 편지에 불과한 거였으니까. 엄마를 사랑
하는 마음이 질투를 부른 거니까 아빠가 먼저 화해를 하실 수밖에.

보는 사람에 따라 어떤 사실은 사실이 아닐 수도 있는 것 같아."

"잘됐다. 그럼 너희 부모님 이혼 같은 거 안 하시는 거지?"

희영이는 조심스럽게 물었습니다.

"그럼!"

"그래서 네가 그렇게 우울했던 거야?"

지연이가 물었습니다.

"응, 그런데 노트를 잃어버려 다시 또 우울해졌는데 그건 너희가 이렇게 해결해 주었어."

현지는 고맙다며 인사를 했습니다.

"야, 그건 그렇고 그런 상황에서도 그런 이야기를 상상해서 창조한 네가 너무 대단하다."

나는 현지의 이야기 노트가 부러웠습니다. 어떻게 그런 글이 술술 나올까 하고 말이죠.

"아까 말했던 리쾨르의 말을 빌리자면, 텍스트의 서술은 과거, 현재, 미래를 연결하면서 줄거리에 따라서 삶의 의미를 은유로 표현하는 거래. 그래서 과거의 엄마 이야기, 현재의 엄마 아빠의 다툼. 뭐 그런 것들을 은유적으로 표현해 보고 싶었어. 그래서 어떤 의미를 말해 보고도 싶었고. 내가 지금 보고 있는 풍경은 사실일까? 하는 것도 우리가 눈으로 보는 것이 모두 사실이 아닐 수 있고 또 그 이외의 것도 볼 수 있어야 한다는 걸 의미해."

수정이가 손뼉을 쳤습니다.

"그런 의미가 있는 줄 몰랐어. 네가 쉽게 해석해 주니까 네 이야기를 이제야 알겠다.

은실이가 말했습니다.

"그런데 꼭 내가 말한 대로 해석하거나 이해하지 않아도 돼. 너희가 내 글을 읽었다면 해석하고 이해하는 부분은 너희, 즉 읽은 사람의 몫이니까."

현지의 말에 수정이가 대꾸했습니다.

"그러니까, 내말이 그게 참 어렵다는 거야. 정답이 있는 것도 아니고 어떻게 해석하고 이해해야 한다는 건지."

"그건 각자의 삶에 대한 의미에서 출발해야 하지 않을까? 그러니까 철학이라는 것도 생겨나고 하는 거지."

수정이의 말에 은실이가 혀를 쏙 빼물며 말했습니다.

그런 모습이 우스운지 아이들이 일제히 웃었습니다.

3 할머니의 편지

집에 돌아왔지만 웬일인지 아무도 없었습니다.

분명 남동생은 친구 집에서 컴퓨터 게임에 빠져 있을 테고, 아빠
는 회사에서 돌아오시지 않았겠지요. 그럼, 엄마와 할머니는 어딜
가신 걸까요? 아마도 저녁 찬거리를 사러 시장에 가신 모양이었
습니다.

나는 오랜만에 혼자 집에서 자유의 시간을 만끽했습니다. 할머니
가 계시면 왠지 신경이 쓰입니다. 요즘 할머니의 정신이 많이 돌

아오셔서 나와 싸우게 되는 일은 줄었지만 여전히 언제 변할지 모르는 할머니 때문에 늘 긴장을 해야 하거든요. 아무리 좋은 글을 적어 주셨어도 함부로 내 일기장을 뒤지는 것도 사실은 싫고요.

오랜만에 자유의 시간이 생겼다고는 하지만 딱히 무엇을 해야 할지 몰랐습니다. 자유가 주어져도 자유롭지 못한 까닭은 또 무엇일까요? 종종 어떻게 시간을 보내야 잘 보내는 것인지조차 모를 때가 있습니다.

사춘기에 접어들어 나는 많은 변화를 겪고 고민을 하고 있다고 생각했지만, 어쩌면 모두 허상인지도 모르겠습니다. 사춘기에 맞는 생각과 행동이 무엇인지 잘 모르겠다고만 했지, 그 시기를 어떻게 보낼 것인가에 대해서는 깊이 고민하지 않았기 때문이지요. 나는 나에게 닥친 이 사춘기라는 시기를 놓치지 말아야겠다는 생각이 들었습니다. 지나가 버리면 다시 돌아오지 않는 아주 중요하고도 짧은 시기라는 건 분명하게 알고 있으니까요.

나는 내 생각을 글로 옮겨야 한다고 믿었습니다. 그것이 어떤 의미를 찾기 위한 첫걸음이라 믿고 말이죠. 현지처럼 대단한 상징과 은유가 있는 글은 아니지만, 그래도 의미가 담긴 글을 쓴다는 것은 정말 멋진 일인 것 같습니다.

찰칵.

그때 현관문이 열리는 소리가 들렸습니다. 신발 벗는 소리가 요란한 것을 보니 남동생이 분명합니다.

"누나!"

남동생이 방문을 벌컥 열었습니다.

"제발 노크 좀 해라."

"왜? 혹시 브래지어라도 하고 있는 중이었어? 크크크."

"야!"

나는 소리를 버럭 질렀지만 부끄러웠습니다. 들키지 말았어야 할 일을 할머니 때문에 들킨 것이 또 생각나 짜증도 났고요.

"너 정말, 말 함부로 할래?"

"뭐 내가 없는 말 지어 냈나? 사실을 사실대로 말도 못해? 흥."

오히려 남동생이 큰소리를 쳤습니다.

"근데 왜 아무도 없어?"

"아무도 없긴 난 뭐 도깨비냐?"

"아니, 엄마랑 할머니는?"

"글쎄…… 아까부터 안 계셨는데?"

"지금 7시가 넘었는데?"

그러고 보니 어느새 시간이 많이 지나 있었습니다.

"아이, 나 배고픈데…… 누나, 라면 좀 끓여 주라."

"지가 아쉬울 때만 누나 찾지? 싫으시네요! 배고프면 끓여 잡수시든지!"

나는 딱 잘라 거절했습니다.

"왕 치사다!"

동생이 방문을 쾅 닫고 나가 버렸습니다. 나는 아랑곳하지 않았습니다.

그런데 정말 무슨 일일까요? 할머니는 어두운 걸 싫어하셔서 밤에는 절대 밖에 나가지 못하셨습니다. 그래서 할머니가 치매에 걸리신 이후, 우리는 저녁 외식을 한 적이 한 번도 없었지요. 저녁에 바깥나들이를 한다는 건 상상도 할 수 없으니까요. 심지어 할머니는 주무실 때도 불을 환히 켜고 주무셨습니다. 그런데 이렇게 날이 어두워졌는데도 엄마와 할머니는 왜 안 오시는 걸까요? 무슨 일이 생긴 걸까요?

나는 불안한 마음이 들었지만 조금 더 기다려 보기로 했습니다. 설마 무슨 일이야 있겠어요? 걱정스런 마음을 접고 일기장을 펼쳤습니다. 그런데 일기장 사이에서 편지 한 장이 뚝 떨어졌습니다. 봉투에는 '사랑하는 손녀 가인이에게 할머니 정순자' 라고 쓰여 있었습니다.

"할머니가?"

나는 할머니가 쓰신 편지를 펼쳐 보았습니다.

사랑하는 손녀 가인에게

나는 종종 길을 잃곤 했단다. 어머니를 따라 밤을 주우러 산에 갔을 때도, 이웃 마을 장터에서도, 꿈속 이야기에서도……

나는 왜 길을 잃는 것일까? 때론 주저앉아 오랫동안 생각해 보기도 했지. 그러다 문득 무언가 머리를 빠르게 스치고 지나가는 것을 느낄 수 있었어. 그건 바로, 내가 길을 두려워하는 마음 때문이었단다. 어떤 길을 마주 대하든 나는 길을 잃을 거라는 두려움을 먼저 생각했던 거야. 그 두려움이 항상 길을 잃게 만들었고. 그래서 나는 생각을 좀 바꿔 보기로 했지. 길이 꼭 하나일 필요는 없다고 말이다. 수십 수백 가지의 길이 함께 있기 때문에 우리는 스스로 나의 길을 찾을 수도 있고 또 헤매기도 한다고. 그러고 나니 길을 잃는 것이 두려움이 아니라 즐거움이 되었단다. 오늘은 또 어떤 길을 만날까? 나는 또 어떤 길을 헤매며 새로운 것을 경험하게 될까?

나는 가인이의 모습에서 어렸을 적 내 모습을 보고 깜짝깜짝 놀라곤 한단다. 할머니도 가인이처럼 웃을 때 양 볼에 보조개가 들어가고 금방 얼굴이 빨개지는 아이였지.

할머니 집 울타리 안에는 여러 가지 나무가 많이 자랐는데, 나는 특히 석류나무를 좋아했단다. 진분홍 꽃도 예뻤고 빨갛게 익어 가는 석류 알도 좋았고 말이야.

이 석류가 아주 잘 익으면 저절로 툭 벌어져 빨간 잇몸 같은 석류 알을 드러내는데 보고만 있어도 새콤하고 달콤한 맛이 느껴져 입 안 가득 침이 고였단다. 석류가 툭 벌어져 빨간 석류 알을 드러낼 즈음 나는 석류 알 같은 초경을 시작했지. 너무 당황하고 두려웠지만 한편으로 어른이 되어 가고 있다는 생각에 석류 알처럼 새콤달콤한 설렘도 있었단다.

그 이후로 어른이 되었다고 생각했을 즈음부터는 세월이 너무도 빠르게 지나가는 것 같구나. 석류꽃을 보지도 못했는데 봄이 가고 여름이 가고, 겨울이 오더구나. 지금도 핏빛처럼 붉은 석류를 보면 그 설렘이 가슴에 남아 있는데…… 세월은 그렇게 자꾸만 잊혀져 가는구나.

가인아!

할머니는 다시 길을 잃던 그 시절로, 석류꽃이 피던 그곳으로 돌아가고 싶지만 세상의 이치가 그렇지 못하듯 참다운 시간은 지금뿐이란다.

가인이가 힘들게 보낼 사춘기의 시기는 어쩌면 가장 행복하고 소중한 시기가 아닐까 싶구나.

사랑한다, 가인아.

할머니의 편지를 읽으며 나는 왠지 모를 뜨거운 눈물이 흘렀습니다. 가슴이 벅차오르는 것도 느꼈고요. 길을 잃는다느니, 석류꽃이 핀다느니…… 할머니의 행동처럼 암호 같은 말들이었지만 나는 그 암호를 쉽게 이해할 수 있었습니다. 왜냐하면, 가슴으로 뜨겁게 할머니의 사랑을 느끼며 읽었기 때문이지요. 아무리 상징과 은유로 숨겨 놓았다고 해도 할머니의 진심은 여기저기서 얼굴을 쏙 내밀었으니까요. 할머니는 내가 고민하고 있는 이 사춘기 시간을 얼마나 사랑하며 소중하게 여겨야 하는지를 알려주셨으며, 알 수 없는 불안과 우울을 극복할 수 있도록 해 주셨습니다. 나는 한참 동안 할머니의 편지를 읽고 또 읽었습니다.

그때 전화벨이 울렸습니다. 엄마였습니다. 할머니가 갑자기 쓰러지셔서 병원에 가셨다고 했습니다. 나는 너무 놀랐습니다. 다행히 할머니에게 큰일이 난 것은 아니지만 깊은 잠에 빠지셨는데 깨어나질 못해 아직 병원이라고 했습니다. 걱정하지 말라고 하셨지만 나는 할머니가 몹시 걱정되었습니다. 전화를 끊고 나서 나는 할머니를 보듯 할머니가 써 주신 편지를 보았습니다. 나도 모르게 입가에 미소가 지어졌습니다. 어쩌면 지금 할머니는 꿈속에서 또 길을 잃어버리신 걸지도 모릅니다. 길을 잃고 헤매면서 석류 꽃잎을 따 냇가에 띄우며 즐거운 한때를 보내고 계신지도 모르겠습니다.

리쾨르의 사상

폴 리쾨르는 현대 프랑스의 '해석학' 이라는 철학 경향을 대변하는 대표적인 철학자입니다. 해석학은 쉽게 말해 '해석의 본성과 역할' 을 밝히고자 하는 철학의 한 경향입니다.

해석학의 출발은 19세기에 《성경》 해석에 몰두한 독일의 철학자 슐라이어마허에 의해 장식됩니다. 슐라이어마허는 일생 동안 플라톤 전집을 독일어로 번역하였으며 《성경》 번역에도 몰두했어요. 그는 고전 작품을 독일어로 번역하기 위해서는 우선 정확한 문법에 따라 번역해야 한다고 생각했습니다. 그렇지만 얼마 안 가서 그의 생각은 변할 수밖에 없었어요. 즉 올바른 번역은 정확한 문법적 번역만으로는 부족하고 문장의 내면에 깔려 있는 의미를 옳게 해석할 때 비로소 가능하다는 것이었어요.

이런 해석학의 사상을 이어받은 것이 딜타이입니다. 딜타이는 삶을 제대로 파악하기 위해서는 삶을 해석할 필요가 있다고 보고 해석학의 순환 구조를 설명했습니다. 즉 이해와 체험과 표현은 서로 맞물려 돌아가는 순환 구조를 이룬다는 것이지요. 우리가 어떤 일을 이해하면 그것은 체험으로 되고, 체험은 표현되기 마련입니다. 삶의 해석은 이해와 체험과 표현의 순환 구조에 관한 해석이라고 볼 수 있습니다.

리쾨르는 처음 후설의 현상학과 실존주의 철학으로부터 많은 영향을 받았습니다. 리쾨르는 애초부터 인간의 의식이나 의지 등의 문제에 관심을 가지고 깊이 연구했어요.

현상학이란 의식(마음)의 본질과 구조를 밝히려는 현대철학의 한 경향입니다.

실존주의 철학은 구체적인 인간의 결단과 자유 및 해방에 관심을 가지고 인간 주체를 강조하는 현대철학의 한 경향이라고 말할 수 있습니다.

초기의 리쾨르는 의지의 철학에 관심을 가지고 삶의 자발적 국면과 비자발적 국면의 상호 작용에 관해 현상학적 방법을 통해 연구했습니다. 예컨대 우리들 자신의 행동만 보아도 자발적인 것과 비자발적인 것이 얽혀 있지요. 내가 학교를 가는 것은 한편으로 보면 내 몸을 가지고 내가 행하는 자발적인 면이 있는가 하면 부모와 사회가 나를 학교에 가도록 만드는 비자발적인 면도 섞여 있습니다.

중기와 후기를 거치면서 리쾨르는 정신분석학과 구조주의 등의 영

향을 받아 독자적인 해석학을 개척합니다. 특히 상징과 신화에 관심을 가지게 되었고 말년에 가서는 은유와 서술의 상상력과 창조성을 강조하고 있습니다.

리쾨르는 결국 물질 문명과 기계 문명이 정신 문화를 짓누르는 현대 사회에서 신음하는 인간을 해방시키기 위한 해석학에 인생을 바쳤다고 볼 수 있지요.

사실 상징과 은유가 없는 글은 죽은 글이나 마찬가지입니다. 우리는 상상력과 창조성을 가지고 상징과 은유로 가득한 문장을 만들어 삶의 다양함을 서술할 수 있지요. 따라서 우리는 다양한 각도에서 상징과 은유를 해석하지 않으면 삶의 의미를 제대로 파악할 수 없겠지요.

드디어 나도 석류 알 같은 초경을 시작했습니다. 그동안 몇몇 친구들이 먼저 시작을 했지만 정말 나에게 닥칠지는 몰랐습니다. 주변에서 초경에 대한 이야기를 많이 들어 만반의 준비를 다했지만 그래도 당황스러운 마음은 감출 수가 없습니다. 그러나 언젠가는 경험하게 될 일이니 긍정적으로 받아들이기로 했습니다. 그래서인지 몸도 마음도 어른이 된 것 같았습니다.

할머니와의 소리 없는 전쟁은 여전했습니다. 현장 수업을 갈 때 엄마가 싸 주신 도시락을 펼쳐 들고 나는 깜짝 놀랐습니다. 도시락이 텅 비어 있었기 때문이지요. 알고 봤더니 그것은 바로 할머니가 몰래 다 드시고 빈 도시락을 가방에 넣어 둔 것이었어요. 또 내가 아끼는 색깔 볼펜이며 큐빅 머리띠를 할머니가 숨겨 놓으셨는데 어디에 숨겼는지 나도 할머니도 몰라 한참이나 찾아야만 했습니다. 뒤늦게 그것들을 우체통에서 발견하게 되었답니다. 때때로 어릴 적 모습으로 돌아가신 할머니는 내가 당신의 라이벌로 보이셨나 봅니다. 언제나 내 것을 탐내고 나를 시기하고 나에게 짜증을 부리셨지요. 여전히 그런 할머니를 대하는 것은 불편했지만 할머니의 행동에 숨겨진 암호들을 풀어야 하는 숙제를 떠맡은 것뿐이라고 생각하며 잘 참고 있습니다.

참, 그리고 나와 친구들은 새로운 즐거움에 빠졌습니다. 그것은 바로 현지의 이야기를 읽는 재미 때문입니다. 현지의 이야기 노트 사건 이후, 우리는 현지에게 졸라댔습니다. 새로운 이야기를 만들어 달라고 말이죠.

그래서 현지가 두 번째 이야기를 만들었는데 첫 번째 것보다 훨씬 재미있고 흥미진진했습니다. 현지의 이야기로 토론을 벌이기도 하고 주인공이 어떻게 됐으면 좋겠다고 예비 작가인 현지에게 요구하기도 하고 말이죠. 요즘 현지는 세 번째 이야기를 만들고 있습니다. 현지는 마치 진짜 작가인 양 골똘히 고민하느라 때론 말조차 붙이기 힘들 때도 있습니다. 그렇지만 다음에 창작될 이야기가 너무 궁금해서 그런 현지를 방해할 수가 없었습니다.

그렇게 우리는 사춘기를 즐기고 있습니다. 어쩌면 우리는 상징과 은유를 해석하고 이해하듯 우리의 삶에 숨겨져 있는 깊은 의미를 찾아가고 있는지도 모르겠습니다.

통합형 논술
활용노트

01 말과 글의 차이점은 무엇이며, 말과 글의 관계는 어떠한지 설명해
보세요.

02 글을 읽으면서 우리는 무엇을 해석해야 하는지 적어 봅시다.

03 '텍스트로부터 행동으로' 라는 말은 구체적으로 무엇을 의미하는지 서술하시오.

04 은유의 예를 몇 가지 들고 은유의 정확한 뜻을 밝혀 봅시다.

05 '서술' 이라는 말의 의미를 자세히 표현해 봅시다.

통합형 논술
문제풀이

01   간단히 말해 말은 음성 언어이며 글은 문자 언어입니다. 음성 언어의 특징은 직접적이며 즉흥적인 것입니다. 말은 녹음기나 전화기 등과 같은 기계에 의해서만 보존이 가능합니다. 그런가 하면 문자 언어의 가장 큰 특징 중 하나는 공간과 시간의 제약으로부터 자유롭다는 것입니다. 말은 말하는 주관과 그 말을 듣는 특정한 객관의 직접적인 관계에서 성립합니다. 그러나 글에서는 그런 관계가 성립하지 않습니다. 글, 다시 말해 텍스트는 특정한 어떤 한 인간을 대상으로 삼지 않습니다. 게다가 글은 글을 쓴 사람의 직접적인 감정이나 의도가 말처럼 전달되지 않습니다.

그렇기 때문에 우리들은 글, 즉 텍스트를 제대로 해석해야만 글의 의미를 알 수 있습니다. 그러나 분명한 것은 자연 발생적인 말을 바탕으로 삼아 글이 탄생했다는 사실입니다.

02   우선 말과 글의 차이를 알고 나면 글을 왜 해석해야 하는지 그리고 어떻게 해석하고 무엇을 해석해야 하는지

를 자연스럽게 알 수 있습니다. 우선 말에서는 말하는 사건과 말한 것의 의미가 상호 작용합니다. 그러나 글에서는 쓰인 의미만 중요합니다.

또 말에서는 말하는 사람의 의도와 말한 것의 의미가 겹쳐지지만 글의 의미는 쓴 사람의 의도와 일치하지 않을 수도 있습니다. 왜냐하면 읽는 사람이 자기 나름대로 해석하기 때문이지요. 말은 특정한 사람을 겨냥하지만 글은 그것을 읽을 수 읽는 모든 사람들을 겨냥합니다. 말에서는 말하는 사람과 듣는 사람 사이에 특수한 관계가 성립되지만 글에서는 그런 관계가 없습니다.

이상과 같이 볼 때 우리는 글을 읽으면서 상징과 은유로 충만한 서술의 의미가 무엇인지를 옳게 해석해야 함을 알 수 있습니다.

03   글, 다시 말해 텍스트는 해석의 대상입니다. 예컨대 '사랑은 위대하다'라는 글에서 우리는 '사랑'을 은유적 표현으로 해석할 수 있습니다. 사랑의 종류는 매우 다양합니다. 고통스러운 사랑,

애틋한 사랑, 정겨운 사랑, 열정적인 사랑 등. 때문에 사랑의 모습은 여러 가지일 수 있습니다. 그러나 '사랑은 위대하다'에서 말하는 사랑은 인류애라든가 우주애 등과 같이 포괄적인 사랑을 뜻한다고 우리는 해석할 수 있습니다.

'텍스트로부터 행동으로'라는 글 역시 해석 대상으로 삼을 수 있습니다. 행동 역시 텍스트와 동일한 성격을 가지고 있으므로 우리들은 상상력과 창조성을 동원해서 행동을 해석할 수 있습니다. 따라서 글만이 해석의 대상은 아니며, 행동을 비롯해서 자연과 문화와 사회 등도 해석의 대상이 됩니다. 행동을 제대로 해석할 때 우리는 행동의 의미를 파악할 수 있습니다.

04 우리들은 비유와 상징, 은유를 혼동하기 쉽습니다. 이들 세 가지의 차이점을 밝히면 은유의 뜻이 무엇인지 쉽게 알 수 있을 것입니다. 어떤 현상이나 사물을 설명함에 있어 그와 비슷한 성질을 가진 현상이나 사물을 빌려서 뜻을 명확하게 하는 일이 비유입니다.

비유에는 직유와 은유(암유)가 있습니다. 직유는 직접 두 사물을 비교하는 방법이고, 은유는 사물의 본뜻은 숨기고 암시적으로 표현하는 방법입니다. '내 귀는 하나의 소라 껍데기' '인생은 나그네 길' 등은 은유의 예입니다. 그런가 하면 상징은 추상적 사물을 구체적으로 표현하는 일입니다. 예컨대 비둘기, 장미꽃, 붉은 깃발 등은 상징적 표현으로 자주 사용됩니다. 은유는 문학적 표현에서 가장 자주 사용되며 상상력과 창조성이 풍부합니다. 따라서 은유적 표현은 우리들의 해석을 가장 많이 필요로 합니다.

05 간단히 말해 '서술'이란 줄거리 (또는 구성이나 플롯)를 가진 글이라고 말할 수 있습니다. 대표적인 서술로는 소설을 예로 들 수 있습니다. 《홍길동전》이라든가 《소나기》 등은 장편소설과 단편소설이라는 구분과는 상관없이 모두 줄거리를 가지고 있습니다.

그러나 서술은 소설 이외에도 일반적으로 텍스트를 가리킵니다. 텍스트라고 해서 반

드시 책만을 지칭하는 것은 아니고 문장 및 문장들의 종합 모두를 서술이라고 말할 수 있습니다. 그렇지만 일반적인 서술을 대변하는 것은 텍스트입니다. 우리들이 텍스트를 해석할 때 무엇보다 중요시하는 것은 텍스트의 줄거리입니다. 텍스트의 줄거리는 이야기의 성격과 목표와 원인 및 우연 등을 종합합니다. 서술의 의미는 텍스트의 줄거리가 담고 있는 내용입니다. 따라서 텍스트의 줄거리에 포함되어 있는 성격, 목표, 원인, 우연 등을 제대로 해석해 낸다면 우리는 서술의 뜻을 옳게 파악할 수 있게 됩니다.